MEMÓRIAS DO CALABOUÇO

MAURÍCIO ROSENCOF
ELEUTERIO FERNÁNDEZ HUIDOBRO

Grafia atualizada segundo o Acordo Ortográfico da Língua Portuguesa de 1990, que entrou em vigor no Brasil em 2009.

Projeto gráfico: Vinicius Oliveira
Revisão: Gladstone Alves e Fernanda Mota
Preparação: Lígia Garzaro
Tradução: Ana Helena Oliveira e Paloma Santos
Edição: Felipe Damorim e Leonardo Garzaro
Imprensa: Beatriz Reingenheim

Dados Internacionais de Catalogação na Publicação (CIP)
(Câmara Brasileira do Livro, SP, Brasil)

Rosencof, Mauricio
Memórias do calabouço / Maurício Rosencof, Eleuterio Fernández Huidobro ; tradução Ana Helena Oliveira , Paloma Santos. -- 1. ed. -- Santo André, SP : Rua do Sabão, 2020.
Título original: Memorias del calabozo
ISBN 978-65-991786-0-3
1. Fernández Huidobro, E.,1942-2016 (Eleuterio). 2. Presos políticos - Uruguai – Biografia. 3. Prisioneiros políticos – Uruguai. 4. Rosencof, Maurício, 1933. 5. Uruguai - História I. Rosencof, Mauricio, 1933-. II. Título.

20-40941 CDD-923.41

Índices para catálogo sistemático:

1. Prisioneiros : Memórias 923.41
Maria Alice Ferreira - Bibliotecária - CRB-8/7964

Editora Rua do Sabão
Rua da Fonte, 275 sala 62B
09040-270 - Santo André, SP.

www.editoraruadosabao.com.br
facebook.com/editoraruadosabao
instagram.com/editoraruadosabao
twitter.com/edit_ruadosabao
youtube.com/editoraruadosabao
pinterest.com/editorarua

MEMÓRIAS DO CALABOUÇO

MAURÍCIO ROSENCOF
ELEUTERIO FERNÁNDEZ HUIDOBRO

Traduzido por
Ana Helena Oliveira e Paloma Santos

Prólogo

Poucas vezes, no decorrer destes longos anos, puderam se olhar no espelho: viram outra pessoa. Magros como faquires, triturados pela incessante tortura, os reféns da ditadura militar uruguaia passaram por vários quartéis, condenados à solidão de calabouços um pouco maiores que um caixão. Não podiam sequer falar com os objetos; não havia objetos nas celas, não havia nada. Dormiam sobre o chão gelado de concreto, atentos a qualquer ruído de grades ou passos de botas, o que podia anunciar uma nova rodada de torturas. Às vezes não lhes davam nem água, o que os obrigava a beber a própria urina. Às vezes lhes negavam comida, e eles comiam moscas, larvas, papéis, terra. Às vezes acontecia um milagre: um sopro de ar fresco trazia um aroma de laranjas através de algum buraquinho da janela vedada; ou ainda, pelo mesmo buraquinho, entrava uma aleluia, ou uma pena de pássaro. E, às vezes, ecoava na parede alguma mensagem do preso vizinho: uma mensagem falada com os nós dos dedos.

Esta obra celebra uma vitória da palavra humana. Dois dos "reféns", Mauricio Rosencof e "Nhato" Fernández Huidobro, rememoram nestas páginas sua experiência naquele reino de silêncio e terror. Contam como conseguiram salvar sua condição humana, presos à vida "como a hera ao muro", contra um sistema tentou enlouquecê-los e objetificá-los.

A comunicação, obtida por um improvisado Código Morse, foi a chave dessa salvação. Tamborilavam os dedos, reconquistando assim o direito à voz que lhes havia sido negado; através da parede, se encorajavam e se consolavam, discutiam, compartilhavam experiências e delírios, pessoas e fantasmas, sonhos e recordações. Aquela música tamborilada, aqueles humildes ruídos eram a melhor sinfonia de Beethoven; neles, ressoava a maravilha do universo. Proibida a boca, falavam os dedos. Falava a linguagem verdadeira, que é a que nasce da necessidade de dizer.

O encontro entre Mauricio e "Nhato" através da parede não reforça apenas a força da dignidade e o poder de astúcia de nossos presos políticos: esse diálogo alucinante é, além de tudo, o mais certeiro símbolo do fracasso de um sistema que quis transformar todo o Uruguai em um país de surdos-mudos.

Eduardo Galeano

Dedicatória

Dedicamos este trabalho a:

Simón Riquelo, Mariana Zaffaroni, Beatriz Washington e Andrea Hernández; filhos de María Asunción Artiogas, Aída Sanz, Blanca Altman, María Emilia Islas, Yolanda Cascos, filhos de nosso povo, desaparecidos, estejam onde estiverem.

Adolfo Wassen, do Movimento de Liberação Nacional Tupamaros — MLN, Ada Burgueño, dos Grupos de Ação Unificadora, Maria do Rosário Carretero, do Partido pela Vitória do Povo, Eduardo Bleier, do Partido Comunista. Oscar Baliñas, da Frente Esquerda de Liberação, Luis Batalla, do Partido Democrático Cristão, Oscar Banzzino, do Partido Trabalhador Revolucionário, Gilberto Coghlan, da Resistência Trabalhadora Estudantil, Oscar Fernandéz, do Partido Comunista Revolucionário, Roberto Gomensoro, do Movimento 26 de Março, Iván Morales, da Organização Popular Revolucionária 33, Manuel Toledo, do Partido Socialista, Zelmar Michelini, da 99, Héctor Gutiérrez Ruiz, do Partido Nacional, Enrique Erro, da União Popular...

Neles e por eles, a todos de nosso povo que morreram na luta por sua liberdade.

Os mortos não têm ideais: eles são os ideais.

CONVOCAMOS fraternalmente a todos os sobreviventes de todas as clandestinidades, exílios e prisões a dar seu testemunho. A levantar, entre todos, um grande monumento à dor, sacrifício e heroísmo do povo uruguaio nestes anos de combate.

Para que não se esqueça. Para que seja visto desde muito longe. Para que dê forças. Para que alerte. Para que indique caminhos...

Os autores [1987]

Introdução

Na década de sessenta, como única forma de salvar seus privilégios, a oligarquia afundou o Uruguai em uma acentuada crise econômica.

Após essa crise, as demais foram se desencadeando: a social, a política, a moral...

O povo uruguaio resistiu em pagar as consequências necessárias para o resgate de interesses minoritários e anti-históricos.

A partir de 1968, a oligarquia recorre à violência sistemática. Começa então, sem piedade, uma violenta repressão.

Entre as muitas formas de confronto aos quais o povo recorreu para combater o avanço do fascismo, estava a luta armada. Os Tupamaros foram uma dessas expressões organizadas.

Durante o ano de 1972, o MLN sofre uma severa derrota. Após isso, o Exército, última carta da oligarquia, avançou sobre as demais posições populares.

Dissolveu o Parlamento em junho de 1973, tornou ilegal a Convenção Nacional dos Trabalhadores (que manteve por mais de quinze dias uma heroica greve geral de resistência ao golpe de estado), proibiu os partidos políticos, aniquilou a autonomia universitária, liquidou as liberdades, torturou e encarcerou em massa, assassinou e cometeu as piores atrocidades...

Numa noite de setembro de 1973, nove militantes do MLN — inclusive nós — foram tirados de surpresa de suas celas na Penitenciária de Libertad.

Na solidão da madrugada gelada de inverno, até o motor dos caminhões que nos aguardavam pareciam querer falar mais baixo para que os demais presos (milhares), não escutassem, para que ninguém soubesse o que iria acontecer.

Era, e foi desde o princípio, uma transferência vergonhosa.

Ali, no mais profundo da consciência tenebrosa de quem tomou essa decisão, e na consciência dos oficiais, cabos e soldados que vendavam nossos olhos, pairava a sensação de que estavam fazendo algo de ruim. Sempre ficava o resquício desse sentimento.

Nós também sentíamos isso e nos propusemos a demonstrar que o ser humano, seja quem for, pode resistir a tamanha crueldade sem que se transforme em uma planta ou em um animal. Sem se aniquilar.

Essa longa viagem dos nove reféns da tirania durou, exatamente, onze anos, seis meses e sete dias. Houve, na história da humanidade, vastamente torturada, muitos antecedentes. Ela é a fonte da dor. Deus não deve ter soprado o barro para fazer os homens: o mais provável é que ele o tenha batido.

Adolfo Wasem, Raúl Sendic, Jorge Manera, Julio Marenales, José Mujica, Jorge Zabalaza, Henry Engler, Mauricio Rosencof e Eleutério Fernández fomos marcados pelas mãos da tirania.

Muitos de nós foram presos e torturados várias vezes na década de sessenta. Todos presos e torturados no ano de 1972. Alguns torturados novamente em 1973 antes do sequestro que nos transformará — novo requinte — em reféns.

Tentar encontrar causas racionais na conduta animalesca dos comandos militares que assolaram o Uruguai é descomunal e impossível. Podemos tentar, apesar do risco, ao menos salientar as razões mais óbvias.

Uma delas: consideravam-nos dirigentes do MLN e, consequentemente (de acordo com o peculiar mecanismo de suas engrenagens mentais), seria decisivo impedir o nosso acesso a todas as possibilidades de comunicação com o mundo exterior para liquidar não somente o MLN, mas também ao que chamavam de "subversão", ou seja, o protesto do povo uruguaio.

Vale a pena deter-se um pouco neste tema. Eles concebem o mundo conforme seus parâmetros. Portanto, o universo seria um quartel.

Liquidado o Comando Supremo, todos os demais, até mesmo os impensados, seriam liquidados. Às vezes, quando a realidade apresentada é semelhante a um Exército, a prática possibilita justificativas que fazem com que eles se mantenham fortes e convictos no erro.

Outra questão material e concreta: qualquer coisa que o MLN fizesse teria como resposta a morte ou o castigo corporal desses nove militantes, então éramos reféns no sentido mais exato da palavra.

Por último: fomos detidos em 1972. Nesse momento, as condições não eram as mais favoráveis para nos assassinarem, apesar de terem tentado. Depois, a única alternativa que sobrou foi a de tentar nos deixar loucos; se empenharam cuidadosamente para que isso acontecesse.

Assim, fomos separados em três grupos de três e espalhados pelos quartéis do interior do país. Um trio em cada uma das três divisões do Exército afastadas de Montevidéu.

No último ano, sempre isolados, ficamos na Penitenciária de Libertad.

Cada divisão, seguindo uma espécie de normas de punição, usou sistemas diferentes: na quarta divisão, éramos transferidos de surpresa de quartel a cada poucos meses. O trio seguia completo de cá para lá.

Na terceira, os reféns permaneciam sempre nos vãos de um porão do Batalhão de Engenharia nº 3, em Paso de los Toros.

Na segunda, cada refém era trancado sozinho em quartéis diferentes, onde também éramos transferidos periodicamente.

Isso explica por que é muito difícil relatar, em um único trabalho, a experiência dos nove reféns. Cada grupo viveu um pedaço diferente e específico daquele inferno.

Instalados em mundos diferentes, múltiplos fatores como doenças, incidentes, características pessoais, fizeram com que cada trio vivesse, dentro de um sistema repressivo semelhante, experiências distintas, sendo o testemunho de cada um a única maneira viável de contar todas elas.

Esse trabalho deseja ser o começo, um convite para que os demais reféns contem suas experiências, e deseja também ser fundamentalmente isso: um testemunho.

No nosso caso, em particular, houve um motivo especial para começar esse trabalho: um dia, calculamos que não sairíamos vivos (ou lúcidos) daquelas sepulturas, e juramos, falando com leves batidas na parede, de uma masmorra para outra, que qualquer um dos dois que sobrevivesse daria seu testemunho... para que o sacrifício não fosse em vão.

Nós dois sobrevivemos, mas Adolfo Wasen não.

Com sua morte, o juramento se tornou obrigatório.

E não foi somente Wasen: muitos companheiros e companheiras pereceram nas prisões, calabouços e salas de tortura. Nós, que fomos eleitos pelo azar para ficar, temos o dever, por todos eles e por nosso povo, de testemunhar.

Nosso testemunho é o de todos.

Nós tivemos, em 1987, a oportunidade de cumprir a nossa promessa, de nos sentar em frente a um gravador e lembrar...

Decidimos não fazer "literatura" com a gravação. Ajustar somente o que fosse imprescindível para eliminar coisas supérfluas e fazer com que a linguagem falada ficasse inteligível quando passada para a escrita.

Manter, na medida do possível, as qualidades e os defeitos de toda recordação espontânea. Qualquer outra coisa poderia, na nossa opinião, ser um desrespeito com o sofrimento de tantas pessoas.

Os compromissos inadiáveis de nosso companheiro Mujica na militância, o impossibilitaram de estar conosco, mão a mão, na tarefa concreta. Se ficássemos esperando estarem os três juntos para empreendê-la, correríamos o risco de que fosse postergado não se sabe até quando. Mujica nos motivou na tarefa e revisou os resultados...

“Vamos deixá-los loucos”

MR: Naquele dia, enquanto estávamos fazendo faxina, nos enfiaram bruscamente em calabouços, suspenderam os banhos de sol e os trabalhos. Então, pousou um avião que trazia presos do interior, não me lembro se de Paysandu ou de Artigas. Os espancaram brutalmente.

Isso ocasionou uma reação em todo o complexo penitenciário. Com as canecas de alumínio que usávamos para tomar café com leite, começamos a bater, todos nós, nas grades de ferro. Depois disso, tivemos a sensação de que iam implementar medidas punitivas, particularmente conosco. Isso já tinha acontecido com um prisioneiro (aquele a quem insultavam sempre que passavam em frente ao pavilhão).

FH: Gritavam a ele: “Maricas!”.

MR: Tínhamos provocado um tumulto com as canecas de alumínio e o resultado veio às duas ou três da madrugada...

FH: No dia 7 de setembro de 1973 (teria que olhar em um calendário para confirmar se foi quinta ou sexta-feira), chegam e mandam nos levantar e nos vestir. Pelo menos me mandaram fazer isso. Eu deveria me levantar, me vestir, pegar a escova de dentes, o sabonete, o papel higiênico e nada mais.

MR: Havia um médico franzino que, silenciosamente, nos fazia testes com um estetoscópio. Faziam tudo em silêncio; às escondidas...

FH: Angustiante...

MR: Me levaram ao andar térreo e me colocaram junto com você. Sussurramos: "O que está acontecendo?". "Não sei", você me disse.

FH: Essa deve ter sido a última vez que conversamos.

MR: Que nos vimos...

FH: Que nos vimos.

MR: Por muitos anos não voltamos a ver a cara um do outro, apesar de estarmos sempre juntos, separados por uma parede.

FH: Nos levaram a um banheiro no piso térreo, um que só os militares usavam. Colocaram algodões em meus olhos, uma venda e, em seguida, um capuz. Depois me amarraram com um arame.

MR: Tudo em silêncio. Os capuzes, eram uns sacos enormes.

FH: Sim, não era um capuz comum.

MR: Eram de lona, sujos.

FH: Compridos.

MR: Iam até o peito.

FH: Íamos usá-los por muito tempo...

MR: Muito tempo.

FH: Ninguém dizia nada. Nem o oficial à tropa ou o cabo aos soldados. A ordem era não pronunciar uma só palavra, todos os comandos eram dados por gestos. Também não ouvi, apesar de ter dormido mal, quando os caminhões chegaram. E olha que sempre ouvia.

MR: É curioso; quando descemos vi vários camburões.

FH: Estavam estacionados ali, mas não escutei qualquer ruído. Aquela era uma operação silenciosa. Como se quisessem que os outros presos não soubessem. Foi uma transferência assustadora, uma transferência que nos fazia pensar que estavam fazendo algo grave.

MR: Muitos e muitos anos depois, quando eu já estava livre, durante uma reportagem para a BBC em Londres, um jornalista me disse algo que eu não sabia: que o coronel encarregado da operação havia dito: "Já que não conseguimos matá-los quando caíram, vamos deixá-los loucos". Isso firmaria os embates que se iniciavam naquele momento.

As leis da irrealidade

FH: Nos jogaram num camburão como se fôssemos lixo. Começamos a perder a noção de quantos presos havia e de quem éramos. O silêncio e a escuridão eram totais.

MR: O destino, desconhecido. Atiraram em um terceiro. Quem? Cheguei a duvidar de que tivesse um terceiro, a duvidar de que mesmo você estivesse ali. Eu estava? Aquilo era irreal, assustador.

FH: Era inútil gritar, xingar, fazer qualquer coisa. Quando eu tentava me acomodar de alguma forma, recebia um golpe ou um violento empurrão para que eu voltasse à posição anterior.

MR: Sabe em que momento pude constatar quem estava indo comigo? Quando Pepe começou a pedir insistentemente que o deixassem cagar. Pepe estava doente.

FH: Tinha diarreias crônicas.

MR: Ouvi você dizer: "Deixem ele ir, ele está doente".

FH: Passaram-se muitas horas de viagem...

MR: Sempre estávamos confusos quanto às horas, assim como quanto às características da estrada. Uma estrada importante nos dava a absurda sensação de que íamos a um lugar "civilizado". Quando começavam os sacolejos, pensávamos: "pra que merda de lugar estamos indo?". Eu perdia a noção do tempo, porque, de repente, a cabeça ia em direção a outros acontecimentos, lembranças, e não tinha noção de quanto tempo passava. Podiam ser três horas ou trinta minutos.

FH: O que é certo é que passou um tempo. Pepe, que evidentemente não podia aguentar mais, disse: "bem, companheiros, me desculpem, mas eu vou cagar aqui mesmo".

MR: Então, o problema foi o cheiro, que a guarda já não aguentava mais. Ao fim, depois de muitas horas, chegamos a um quartel.

FH: Nos desceram amarrados e encapuzados, tal como subimos no caminhão, e assim nos deixaram em um calabouço, parados, em pé.

MR: Depois de passar pelas botas de um bando de gente que nos encheu de porrada, houve uma vistoria, onde comandantes e oficiais nos olhavam como se fôssemos animais de zoológico. Um comandante observava, como Napoleão num quadro.

FH: No outro dia de madrugada, sem ter dormido e tendo ficado todo o tempo em pé, caímos nas mãos de outra unidade, desta vez, da Cavalaria. O caminhão usado era diferente. Mais rústico... Amarraram nossos pés com fios e nos jogaram naquele camburão entre dois pneus sobressalentes gigantescos, que estavam soltos e rolavam para cima da gente toda hora. O caminho escolhido era de terra. Era claro que outros carros nos acompanhavam. A viagem era tão longa que eles precisariam parar no meio do caminho para reabastecer.

MR: Havia umas barras de ferro com alguns parafusos no camburão; usavam esses parafusos para prender metodicamente nossos tornozelos com arame. A cabeça do parafuso friccionava nosso tornozelo. Era uma luta entre o tornozelo e a cabeça do parafuso; naturalmente o tornozelo perdeu.

FH: Sempre vai perder. Foi uma viagem inesquecível. Com o outro caindo em cima da gente, sem comer, sem dormir, íamos descartando as possibilidades mais animadoras.

MR: Em momentos assim, parece que o organismo exige à psique que o incentive com alguma possibilidade agradável.

FH: Estamos nos metendo em um universo onde tudo que começa a ter um valor para nós não faz parte da realidade concreta. Quando viaja pelo país, o homem leva um mapa e vai vendo por onde está passando. Não há a menor dúvida. Leva no pulso um relógio e vai verificando seus horários. Nas condições em que estávamos, começávamos a entrar, ainda sem saber, no universo em que viveríamos: um universo que é construído por nossa própria imaginação e nossos próprios cálculos. Se é real ou não, não importa muito. Funcionava como se fosse real.

MR: Era real!

FH: Acho que cheguei a Santa Clara de Olimar às três da tarde. Embora fossem cinco da manhã, para mim, eram três da tarde.

MR: Desapareciam os limites entre a realidade e a imaginação. Isso se transformou em uma lei, porque com uma fração de informações, construímos um universo.

FH: E esse universo agia sobre nós com as mesmas leis do universo real.

POMMERY[i]

FH: Me jogaram num calabouço sem me explicar nada. Eu mesmo tirei o capuz, a venda, os algodões... Ninguém me disse nada. A única coisa que fizeram foi tirar os arames e me jogar de forma violenta num minúsculo calabouço de cimento fresco, que ainda estava sendo construído. Suas paredes estavam úmidas. O total e absoluto silêncio me chamou a atenção. Dava a impressão de que não havia ninguém nos vigiando: a única coisa que se ouvia, aprofundando o silêncio, era uma espécie de catraca, ou algo assim, um ruído muito tênue que, depois de anos ali, descobri ser a adriça de uma bandeira no teto; quando o vento soprava, batia contra o mastro.

MR: Havia uma bandeira... não, não havia uma bandeira. Era um buraco sem vidro e sem batente por onde entrava o frio, o vento, a chuva. Um teto com telhado de zinco e madeira apodrecida. Chovia por todos os lados.

FH: O inverno já estava acabando, mas ainda fazia frio...

---

i Pommery é a marca de um tradicional champanhe.

MR: Dormíamos no chão.

FH: A única roupa que tínhamos era um macacão. O 787 da Penitenciária de Libertad.

MR: Colocar o uniforme, colocar o 813, me dava a ilusão de que ficaríamos ali pelo prazo de uma pena que era extremamente longa para ser cumprida na cadeia. A Penitenciária ia se transformando na "Terra Prometida".

FH: A pequena esperança representada por um macacão de que poderíamos voltar a Libertad ia se puindo e se destruindo na mesma medida em que o macacão se puía e se destruía. Os guardas tinham a ordem de não falar conosco. Nos informaram, através de uma ordem escrita, que não podíamos falar com ninguém e com nada.

MR: Nem mesmo com os objetos...

FH: Tiraram tudo de dentro do calabouço. Ali nós não tínhamos absolutamente nada.

MR: Havia um som que me arrepiava e que em algum momento cheguei a desejar: o barulho daquele enorme portão que fechavam (porque era a entrada do quartel) todas as vezes que nos levavam ao banheiro. Como não estavam nos levando mais, desejávamos escutar esse som. Seria um indício de que poderíamos nos aliviar.

FH: O mundo do silêncio, o mundo da desolação. A única coisa que tínhamos: o capuz.

MR: O capuz era multifuncional. Cuidávamos dele, virávamos ao avesso, sacudíamos, colocávamos para arejar... Eu o colocava dobrado no chão, para não sentir o frio do concreto.

FH: Às vezes sujávamos os capuzes, lembra? Com comida, com urina, com qualquer coisa...

MR: Com fezes. Lembra que próximo à privada nos deixavam levantar o capuz até a altura dos olhos para não errarmos o buraco?

FH: Sempre algemados.

MR: Alcançar, com as mãos algemadas para trás, o meio da bunda para poder se limpar exigia movimentos que nem o "homem elástico" conseguiria fazer. Nos obrigaram a defecar, por onze anos, algemados e encapuzados.

FH: Vamos continuar descrevendo o mundo. A desolação de não ter nada na cela. A inexistência de horários. Isso era feito de propósito. Não tínhamos hora para comer, para receber o colchão. Algumas noites nem o traziam, ficávamos esperando por ele como idiotas.

MR: Até que finalmente nos deitávamos sobre o piso, usando o capuz como colchão.

FH: Como colchão, como travesseiro...

MR: Era multifuncional. Íamos nos cobrindo com ele conforme sentíamos frio. Primeiro as pernas, depois o ombro...

FH: Deixavam a comida esfriar.

MR: Os soldados juntavam a terrinha do chão e jogavam em cima da comida.

FH: E bitucas de cigarro também.

MR: As bitucas vinham amassadas dentro da polenta...

FH: Comíamos do mesmo jeito. Com fome se come qualquer coisa. A comida era servida no chão. Chutavam os pratos para dentro da cela, aqueles pratos de alumínio grandes, tipo frigideiras, que não quebravam ainda que fossem chutados; dava para patinar neles. Para beber água, nos deram um cantil militar.

MR: Mas geralmente ficávamos sem água. Usávamos os cantis para mijar. Deixávamos a urina em contato com o alumínio até esfriar, assim os sais se depositavam no fundo. Como diriam as boas cozinheiras, "deixávamos descansar". Então, já sem o gosto nauseante que a urina tem quando está morna, bebíamos de golinhos, frescos e prazerosos. Pommery.

A LUA PELO BURACO

FH: Como era o calabouço? Vamos descrevê-lo como se estivéssemos descrevendo o nosso mundo. Vivemos tanto tempo ali... mais tempo do que em nossa casa de infância.

MR: Todos os calabouços, à primeira vista eram hostis. Tínhamos que nos adaptar a eles. Identificávamos manchas, formas nas manchas, umidades, insetos, até que toda essa hostilidade era assimilada, integrada; depois que reconhecíamos tudo, podíamos ter uma vida "normal", porque aquilo já não nos afetava mais. Não era possível esticar os braços, a distância entre as paredes naquele buraco era de 1,20 metros, 1,25 metros...

FH: Acho que você definiu bem a medida quando disse "não era possível esticar os braços".

MR: E outra coisa que tínhamos que coordenar eram os movimentos, para não batermos nas paredes. Podíamos caminhar de ponta a ponta, na diagonal, dando três passos curtos e meia volta. Depois do terceiro passo, tínhamos que girar o pé esquerdo em 45 graus para não bater de frente contra a parede. Andar sempre para o mesmo lado. Se mudávamos de lado, ficávamos tontos. Era preciso coordenar o passo.

FH: As pegadas ficaram marcadas no calabouço. O piso de concreto ficou marcado por nossos sapatos nos três lugares onde apoiávamos os pés.

MR: Não podíamos nos mexer, quando tentávamos, as mãos e os cotovelos batiam contra as paredes. Tínhamos que caminhar com as mãos para trás.

FH: As paredes eram muito ásperas. Se você se chocasse ou apanhasse contra elas, como acontecia conosco, sempre acabava machucado. Chovia dentro daqueles calabouços, os ratos corriam pelo forro...

MR: E entravam pardais...

FH: As andorinhas faziam ninho na primavera. E aquele buraco, por onde entravam todo o frio e água do mundo?

MR: Essa "janelinha", tão nefasta, às vezes era um prazer. Por ela entrava o único sopro de vento fresco...

FH: Às vezes conseguíamos ver as nuvens.

MR: Era um espetáculo.

FH: Uma vez, uma única vez durante a noite, vi a lua através dessa "janelinha". Algum astrônomo teria que calcular, pela localização do buraco e sua orientação, em que noite deste século a lua esteve em determinada hora a tantos graus sobre o horizonte, de forma que pôde, brevemente, passar por essa "janelinha".

MR: À altura da minha janela saia um cabo que cruzava a Praça de Armas, onde, às vezes, pousavam as andorinhas...

FH: Só tinha um canto onde era possível vê-las. Uma vez, nesses calabouços de Santa Clara de Olimar, uma aleluia entrou pela minha janela, e morreu. Tempos depois, entrou uma pena de passarinho, que guardei de lembrança.

MR: No meu também! E eu ainda a tenho embrulhada em um papel com um poema que um dia entreguei para minha filha, quando ainda era pequenininha:

— Onde está seu pássaro, peninha?

— Meu pássaro é um sonho. Voou.

— Voltará?

— Ele nunca se foi:

Voa e permanece,

Como voam e permanecem todos os sonhos.

FH: Ali eu comecei a buscar rastros de outros presos, e nunca encontrei nada. Era como se aqueles calabouços tivessem sido feitos para nós. Encontrei, anos depois quando tive que voltar, marcas de vocês. De outros presos, não.

MR: No meu havia um touro. Aparecia no teto, uma pintura de cal. A presença desse touro era a minha obsessão. Quando eu deitava no chão de barriga para cima, eu o via sobre a minha cabeça. Cheguei a pensar que ele se movimentava. Sempre o via diferente.

FH: Jamais fizeram uma faxina, passaram uma vassoura, um pano. Jamais foi lavado. O que faziam era jogar um balde de água com creolina quando o cheiro ficava insuportável; o cheiro de nossa própria sujeira, das nossas urinas, da comida apodrecida que caía no chão. O mesmo que fazem nas cocheiras.

MR: Mijar virou nossa obsessão.

FH: A primeira técnica que inventei, para fazer fora dos lugares aos quais estava acostumado, foi a do cantil. Assim, durante o dia, ia derramando a urina lentamente, esperando que evaporasse, para poder encher um segundo cantil.

MR: Eu fazia debaixo do colchão. Era como dormir sobre as ondas...

FH: Desta forma, podemos dizer a qualquer ser humano que habita no mundo normal que é possível mijar praticamente em qualquer lugar.

MR: Cheguei a ter a sensação, uma sensação real, de que haviam trocado a posição de meus órgãos: a bexiga tinha passado a ocupar o lugar do meu cérebro. Eu não pensava em outra coisa.

FH: Com esse tratamento, rapidamente começaram as diarreias, como a coisa mais natural e lógica do mundo. E claro, outro tipo de cagada é fácil de aguentar, mas a diarreia não. Fui aperfeiçoando as técnicas. Havia várias. Uma era fazer cocô na sacola de nylon cheia de papel higiênico, se tivesse.

MR: Como as sacolas eram coisas raras, chegando ao banheiro, ao invés de jogá-las fora, as esvaziávamos para voltar com elas.

FH: Claro! Não podíamos desperdiçar!

Montagem de uma operação militar

FH: Nos levavam ao banheiro uma vez por dia. Às vezes, nem uma. Mas admito que alguns dias nos levavam duas vezes.

MR: E isso era um acontecimento. O dia em que nos tiravam da cela de manhã e depois de noite, voltávamos com a sensação de que a situação política havia mudado.

FH: Quando precisávamos ir ao banheiro, batíamos na porta até nos cansar. Quase quebrávamos os nós dos dedos de tanto bater. Às vezes, passávamos um dia inteiro batendo, e me lembro dos comentários: "que se explodam!" ou "não deem bola para eles, estão aqui para serem destroçados!". A técnica para nos levar ao banheiro era, primeiro, fechar aqueles portões gigantescos.

MR: Fazia um barulhão.

FH: "Montar o mecanismo"; se lembra que era assim que chamavam? Os guardas eram colocados em vários pontos da Praça de Armas e tinham que buscar o cachorro no canil, que ficava longe. Depois tinha que esperar o cachorro.

MR: Às vezes se esqueciam de alguma coisa, aí atrasavam ou suspendiam a operação.

FH: Sem falar que, se o sargento estivesse cochilando ou ocupado com alguém, era inviável a montagem de todo esse mecanismo — que parecia a Batalha das Pedras[ii] — para que pudéssemos fazer um xixizinho.

MR: E tudo isso para nos levar ao banheiro, que ficava a poucos passos do calabouço.

FH: E, claro, como tudo isso dava muito trabalho, eles nos obrigavam a fazer tudo de uma vez, numa só saída.

MR: O que eu faço primeiro? Cocô, xixi? Me prendo à torneira? Eu preferia primeiro me prender à torneira, onde nunca consegui tomar mais do que três jatos de água, porque me tiravam...

FH: Por que nos tiravam? Para que não bebêssemos água.

MR: "Você tem dois minutos e já se passaram três", diziam.

FH: Sabiam que tínhamos sede, porque nos jogávamos em cima da torneira. Eu aprendi a me prender com a boca na torneira e as mãos na pia, de forma que quando puxavam o capuz para trás,

---

ii Batalha ocorrida em 1811 no Uruguai, sendo a primeira grande vitória do General José Gervásio Artigas.

eu já tinha tomado uns bons goles de água. Eles morriam de rir: "Quer teta, filho da puta?".

MR: Essa operação era chefiada pelo comandante da guarda.

FH: A ordem era de que não podíamos sair do calabouço sem o comandante da guarda. Para lavar o rosto, basicamente levantávamos o capuz e salpicávamos água. Os objetos de higiene ficavam numa janela.

FH: O sabão, a toalha, o papel higiênico amontoado, a pasta de dentes e a escova, tudo úmido, endurecido e apodrecido, ficavam ali durante meses, sem que usássemos.

MR: Uma das coisas mais desconfortáveis que me lembro é que as algemas não fechavam direito; quando eram fechadas não dava para abrir, enquanto isso ficávamos pertinho do nosso alvo — a torneira.

FH: E às vezes nos puxavam para trás, não nos deixavam sair.

MR: Assim como Tântalo, chegávamos perto da superfície da água e, quando íamos beber, tínhamos que voltar de novo ao calabouço.

FH: Para nós, ir ao banheiro era um acontecimento gigantesco. Conseguir ir mais de uma vez significava verdadeiras conquistas. E essa era toda a higiene a qual tínhamos direito. Nos transferiram em 7 de setembro, e a primeira vez que tomamos banho foi em novembro. A única vez.

MR: Não sabíamos o que era crosta de sujeira e o que era de ferida.

FH: Aí começavam as porradas, as surras sem explicação cada vez que nos levavam; às vezes nos perguntavam: "não quer ir ao banheiro?", e se respondíamos que sim...

MR: Nos arrastavam por todo o quartel a pauladas e pontapés. O homem que nos levava pegava o capuz pela parte de trás, fazendo um torniquete.

FH: De forma que nos asfixiava.

MR: Ia batendo a nossa cabeça por todos os lados. Os outros gritavam, alvoroçados: "está difícil de amansar, hein"; "não aceita as rédeas". Se lembra? "Vamos, vamos" — gritavam. Ficávamos com a boca aberta buscando o ar, como um peixe que agoniza na terra.

FH: Alguns nos davam rasteiras, nos arrastavam, nos levantavam no chute...

MR: Era a brincadeirinha que eles faziam todos os dias.

FH: Inclusive, como às vezes lhes faltavam forças, porque tem de ter força para sustentar o torniquete por muito tempo, eles chamavam homens "especiais". Chamavam alguns soldados particularmente fortes: "Fulano, venha, esses *pichis*[iii] têm que ir ao banheiro".

MR: Me lembro de uma noite. Tinham enchido você de porrada. Era notável o clima pesado. Foram a todos os calabouços perguntando se queríamos ir ao banheiro. Eu estava apertado, mas pressentia que havia algo estranho. Considerei ir ao banheiro em troca de algumas porradas. Fiz a besteira de dizer que sim. Pepe, que é mais esperto, disse: "Não estou com vontade, obrigado". Então, me tiraram. O primeiro soco sempre vinha da direita. Saindo do calabouço, encontrávamos outro soldado, que dava mais um soco, sendo assim por todo o trajeto. Eu aguentava pensando no alívio que seria quando chegasse ao banheiro, mas, chegando lá, levei outra surra; não pude fazer um cocô sequer e ainda apanhei mais do que na ida.

FH: Percebe que nos acostumamos a apanhar? Que chegou um momento em que as surras faziam parte da nossa rotina e não nos incomodávamos tanto? Contanto que pudéssemos fazer xixi, cocô e beber água, levar umas porradas era o de menos. Com tantos anos assim, acabamos "treinados".

---

iii *Pichi* era uma forma usada pelos militares para se referirem aos civis; coisa insignificante, de pouca valia, imundo.

Gavazzo nos informa sobre a condenação à morte

FH: A especulação de que seríamos punidos nos deixava atordoados, porque nós, como qualquer pessoa, pensávamos: "Bem, isso vai durar um mês, dois meses, três meses...".

MR: No começo, calculávamos em meses. Até seis.

FH: "E depois voltaremos à Penitenciária de Libertad", porque ainda estávamos vestidos com os macacões. Esse tipo de raciocínio absurdo passa a ser normal: a fome, a sede, a perda da noção do tempo, vão nos enfiando em um mundo nebuloso, onde as atitudes estranhas ao senso comum proliferam.

MR: A lâmpada, que não descrevemos muito, contribuía bastante para isso.

FH: A luz permanente.

MR: Suja, que quando nos deitávamos ficava bem nos nossos olhos. Era uma luz suja, turva, que não servia para nada além de nos martirizar.

FH: À noite, o silêncio se estendia, e isso nos ajudava a dormir, mas, de repente, chutavam nossas portas, interrompendo nosso sono. Então também nos acostumamos a isso e roncávamos como campeões, mesmo que chutassem as portas.

MR: Era uma luta entre o projétil e a armadura. Quando você consegue uma boa armadura, aumentam o calibre do projétil. Em outras unidades, sempre que nos davam um colchão e podíamos nos deitar, vinham a cada hora nos perguntar se estávamos vivos. Acabávamos não dormindo. Em meio ao cansaço, à fome, à sede e não poder dormir, o que era vital para nós, vivíamos em constante e avassaladora tensão.

FH: Durante essa primeira estadia em Olimar, mantivemos intacta a ideia de que estávamos sendo punidos, que estávamos cumprindo um castigo, mas também tínhamos outro pensamento válido: estavam nos amaciando para que fôssemos torturados outra vez.

MR: Então acontece algo que me dá a sensação de que eu havia deixado de ser um preso para ser um refém. Uma noite, me levam, algemado, para um lugar onde pressinto que tem outras pessoas; ouço uma voz conhecida, que me cumprimenta: "Como vai, Leonel?". Respondo: "E aí, gordo?". Era o então major Nino Gavazzo, me dizendo o seguinte: "Trago uma resolução do Comando Geral do Exército. Você foi condenado à morte. Se sofrermos qualquer atentado, vamos matar você. E você sabe que isso seria muito fácil, é só simularmos uma fuga e pronto. Você não pode contar isso para ninguém, nem para a sua família, afinal, você os ama muito, não?".

Mas não é possível viver constantemente com a espada de Dâmocles na cabeça. Cheguei a pensar que a ameaça fazia parte de uma política de relaxamento e, apesar de ter recebido o recado que recebi, continuei sonhando com nosso retorno à Penitenciária.

Quando nos transferiram dali, no dia 26 de dezembro, saí com a esperança de que a punição houvesse terminado e que voltaríamos à Penitenciária de Libertad.

FH: Recebi o mesmo recado que você. Eu não sabia quem tinha falado comigo, mas podia ser uma piada ou alguma outra coisa. Não sei se foi dessa vez ou em outra, me disseram que havia acontecido um golpe de Estado no Chile, mas me disseram assim, casualmente, como se eu já soubesse disso, e eu não acreditei nem um pouco. Foi dito de maneira tão casual que eu considerei como uma dessas brincadeiras bobas.

MR: Como eles pensavam que nós ficaríamos ali para sempre (e eles também), agiam com tanta impunidade que podiam soltar, em meio a uma conversa banal, dados estritamente confidenciais. E outra coisa também é que era difícil pôr na cabeça o fato de que eles estavam dialogando com pessoas que não tinham acesso a qualquer informação. Então eles davam informações supondo que já sabíamos. Assim descobríamos algumas coisas, mas sempre com a incerteza de ser ou não verdade.

Teve uma vez que a guarda, falando baixinho, do outro lado da porta, contava com detalhes a morte de Raúl Sendic.

FH: E nós acreditamos nisso. Nos abatemos como se fosse verdade.

"É MAIS HUMANO FUZILÁ-LOS DO QUE MANTÊ-LOS ASSIM"

FH: Começamos a ter contato com novos medicamentos. Cada vez que nos levavam a um quartel, era normal que um médico nos examinasse.

MR: Eles não queriam ser responsáveis pelas lesões, feridas e doenças que pudessem ter sido contraídas em outra unidade. Se responsabilizavam pelas torturas que realizavam, não pelas dos outros. Uma das coisas que examinavam eram os testículos.

FH: E as pancadas, hematomas e cicatrizes, nos perguntavam de onde eram.

MR: Quando saíamos do quartel também éramos examinados, para que se certificassem.

FH: E preenchiam uma ficha que nos acompanharia durante todo esse período. Nos faziam assinar o papel afirmando que não fomos maltratados. Mas, nesse meio tempo, quando adoecíamos ou precisávamos de atendimento médico, não me lembro de ter visto você.

MR: Veja, de Santa Clara, não da primeira viagem, mas da segunda, guardo a seguinte lembrança: nós já estávamos exaustos, e me lembro que na enfermaria, de barriga para cima, sem camisa e com o capuz, o médico puxou a pele da minha barriga (parecia a tenda do circo Sarrasani) e me disse: "Minha nossa... isso é uma barbaridade". Junto ao médico estava o comandante da unidade. Queriam constatar, ao vivo a cores, o estado em que havíamos chegado. Quando me levavam para trazer outro preso, fizeram uma parada no banheiro, porque tinha civis na praça de armas e eu não podia passar por ela. Então, o médico comenta com o comandante: "Nossa... isso é uma barbaridade! É melhor fuzilá-los do que mantê-los assim". Mengele era um humanista...

Lágrimas de uma menina

FH: A primeira visita que recebemos em Santa Clara de Olimar foi uma grande surpresa, não esperávamos. Chuviscava, ventava e fazia frio, lembra? A sala de visitas tinha uma janela que dava para um campo. Era uma grande janela sem vidros. O frio no lugar era tão extremo que o capitão que vigiava a visita vestia um sobretudo. Obviamente eles não tinham previsto as visitas, então, posicionaram ali uma mesa, e nela prenderam as minhas duas mãos para baixo, junto aos pés da mesa.

Foi assim que recebi minha irmã e minha mãe.

MR: A intenção era mostrar às nossas famílias que estávamos em uma situação limite, para que todos soubessem. Abriram a porta do meu calabouço, me colocaram o capuz, (estava com o macacão sujo, com fome, tinham me espancado), me algemaram com as mãos para trás para fazermos um caminho de dez passos; a visita era em um lugar que você se lembra: o escritório do comandante da guarda, junto aos calabouços. Quando cheguei à porta do lugar onde aconteceria a visita, me tiraram as algemas e as colocaram novamente, só que dessa vez com as mãos para frente. Me colocaram em um banco, tipo um banco de praça, de costas para a janela. Nunca vi o campo. De repente, ouço o barulho de gente entrando. Pressinto algo intenso e, lentamente, como uma cortina que se abre no começo de um ato, vão tirando o meu capuz.

Primeiro vejo minha filha, Alejandra, que à época tinha sete anos, bem agasalhada, parecia um ursinho. Meus velhos, que já estavam na casa dos 73, 74 anos. Carmen e sua mãe. Fizeram todos entrarem juntos, e os colocaram na minha frente, para que vissem tirar o meu capuz. Já tinham recebido a ordem expressa — que também havia sido passada a mim — de que qualquer contato físico (estávamos a cerca de 50 centímetros de distância, frente a frente) acarretaria a suspensão da visita e a aplicação de sanções. Além disso, conversando outro dia com Alejandra, ela se lembrou que naquele dia a haviam proibido terminantemente de mencionar palavras como "flor", "pássaro", "estrela", "pomba", coisas do tipo, o que gerava uma enorme dificuldade para a pequenina se comunicar. Eu não me esqueço dessa visita. Alejandra tinha uma surpresa para mim. Eu sabia que ela tinha um problema na vista, que estava se consultando com um oculista, e esse dia a surpresa que ela trazia era se apresentar bem bonita com seus óculos. Ela estava com as mãozinhas para trás, escondendo o estojo dos óculos, e ao me ver nas condições em que estava, de alguma forma seu coraçãozinho não quis somar seu próprio drama ao que eu estava vivendo. Os olhinhos dela se encheram de lágrimas, e em vez de me fazer a surpresa pedindo para que fechasse os olhos para quando eu abrisse ela estar com os óculos, quando ela viu que começou a lacrimejar, me mostrou os óculos: "Ah papai, que horrível, esses óculos me fazem chorar". Essa visita, essa pequena história, eu levarei comigo enquanto eu viver.

FH: Nós estávamos fedendo. E nossa família deve ter sentido o cheiro ruim. Estávamos barbudos, não tínhamos nos barbeado, não tínhamos tomado banho, nossa roupa estava imunda. Eu estava de macacão, a única roupa que eu tinha usado até esse momento. E, nessa primeira visita, eu estava com a cabeça machucada, não tinha sido atendido pelo médico. Estava com uma ferida na testa e minha cabeça estava inchada. Não tinha espelho para me olhar. Suponho que a área por onde tinha saído sangue estava muito suja, porque quando a minha família se sentou de frente para mim, pude ler o terror em seus olhos. Pensei, então, como é que o capitão que estava vigiando a visita tinha a coragem, a capacidade de nos mostrar assim para a população civil. Logo constatei que isso era uma política, a política de aterrorizar a família, e, através da família, a população civil. Porque eles partiam do princípio que nossos familiares contariam aos demais familiares e ao bairro inteiro o que tinham visto. Talvez devamos situá-los um pouco no contexto do qual mais tarde também nos inteiramos: havia acontecido um golpe de estado no Chile, estavam atacando às universidades, os grêmios, o resto da esquerda. Consequentemente, necessitavam aterrorizar. Os familiares eram as vítimas do terrorismo implantado contra eles, através de nós. Até mesmo o fato de irem nos visitar, em Santa Clara de Olimar, por exemplo, era uma medida repressiva: não contra nós, mas contra os nossos familiares, porque era impossível chegar até lá se não fosse de trem. E nos trens uruguaios, que demoram horas para chegar. Era em um povoado perdido em meio ao latifúndio pecuário uruguaio, moravam ali somente militares ou aposentados do Exército.

MR: Com uma história formidável, não? Ali estão os restos de Aparicio de Saravia. Onde suas tropas desfilaram, aquelas 20 mil lanças da revolução de 1904. Nós somos um pouco posteriores, mas não muito... isso que você disse sobre a família me fez pensar em mais um detalhe da visita. O desconcerto. O gesto do meu velho, balançando suavemente a cabeça. E a inquietude da minha velha, ao me ver assim, pedindo para que eu não deixasse de comer: "Você tem se alimentado?". "Por que não?" "O que eles lhe dão para comer?" "Você precisa comer!", como se eu fosse criança mais uma vez e estivesse em casa.

FH: Aí começa a pressão da família, que nos perguntava se estávamos bem de saúde ou se saíamos para o banho de sol.

MR: Minha filha me perguntava o que eu fazia todos os dias, e se tinha televisão.

FH: Optamos por dizer que sim, que tomávamos banho de sol, para deixá-los mais tranquilos.

MR: Sim! Precisávamos tranquilizar a nossa família. Mas o gesto de meu velho — significativo — teve um ponto de referência anterior. Eu caí em maio de 72 e fiquei mais ou menos nove meses seguidos, com alguns períodos de trégua, mas nove meses consecutivos em interrogatório e tortura. Depois disso, quando pensei que já havia passado a pior parte, fui levado a Tacuarembó junto com um grupo de companheiros, para ser interrogado pelo major Gavazzo. Michelini estava denunciando no Senado o regime de tortura ao qual eu estava sendo submetido. Ainda havia Parlamento e, como havia dúvidas inclusive de minha existência, isso motivou que me concedessem, no meio dos interrogatórios, um encontro de dez minutos com minha família. Foi em Paso de los Toros. Quando me levaram para a visita e deixaram meu pai entrar, ele olhou para mim, olhou para o oficial, e disse: "Mas eu vim ver o meu filho; esse, eu não conheço. Esse não é meu filho". Ele não havia me reconhecido.

Essa visita me traz outra história à memória, quando estávamos em Laguna del Sauce, em 1976. Me tiraram do calabouço que ficava de frente para a enfermaria; não bastava colocar o capuz, colocavam também, em pleno verão, dois ponchos sobre as nossas cabeças. A diversão dos agentes da guarda que nos levavam era nos jogar contra os batentes das portas. Quando chegamos ao lugar da visita, que era um calabouço (ou seja, obrigavam os familiares a entrarem nos calabouços), bateram a minha cabeça contra o batente da porta e eu meio que desmaiei. Com a testa aberta, tiraram o meu capuz na frente do meu velho, que, assim que me viu, ficou chocado (ele estava com problemas no coração) e fez o mesmo gesto que tinha feito em Santa Clara, um gesto de compreensão, de solidariedade, de homem sofrido, que passou por maus bocados, que fez a guerra de 14, que foi imigrante e fundou o Sindicato Único de la Aguja, como ele dizia, acrescentando indefectivelmente, "filial UGT". Quando ele saiu, soube que algo havia acontecido, porque escutei vozes preocupadas vindo da enfermaria, dizendo: "Um velho desmaiou, um velho desmaiou!". Fiquei extremamente angustiado porque tinha acabado de deixar meu pai; os enfermeiros saíram correndo com a maca. Depois eu não soube de mais nada. Pedi informações, perguntei, ninguém me disse nada. Depois de um tempo, eu soube o que tinha acontecido, meu velho tinha desmaiado. Chegaram com a maca e, quando ele viu que queriam levá-lo para dentro, se recusou a ir. Pegou um comprimido, deram a ele um copo com água. Meu velho, ainda meio tonto, disse: "De vocês eu não quero nem água". E foi embora, caminhando com seus passinhos sofridos, sozinho até a estrada.

FH: Em Melo, em 1981, minha mãe tinha 77 anos. Praticamente a esqueceram na porta do quartel. Quando ela viu que perderia o trem, chegou perto de uma janela e começou a bater. O sargento avisou ao tenente que tinha uma velha batendo na janela, e esse tenente foi ver o que ela queria. Ele ficou sabendo que ela estava esperando desde a manhã, e já era tarde. Finalmente autorizaram a entrada dela para uma visita muito breve.

Outra vez, em Santa Clara, ela chegou com a testa sangrando e os óculos quebrados. Ela tinha caído ao descer do trem. Minha família tinha proibido que ela viesse sozinha, mas a velhinha escapava... Deixava escrito em um papelzinho sobre a mesa: "Fui ver o Nhato". Pedi muitas vezes que ela não viesse. Por fim, desisti: "Enquanto me deixarem ver você, venho nem que seja me arrastando". Ela nunca deixou de ir...

Batida a batida: 6-5-12-9-3-9-4-1-4-5

FH: Em Santa Clara, começamos a nossa comunicação através da parede.

MR: Batida a batida, abrimos uma janela clandestina para a vida.

FH: Chegamos no dia 8 de setembro de 1973, e íamos passar nossas primeiras festas, véspera de Natal e Natal, no quartel. Eu já tinha passado algumas em diferentes prisões e em outros quartéis, mas não nestas condições. Me lembro que a véspera de Natal, pelo menos para mim, foi um dia especialmente angustiante. Até aquele momento, nós não mantínhamos nenhuma comunicação. Cada um vivia no seu calabouço, dentro de suas próprias reflexões. Ainda assim, continuávamos à espera de ser transferidos novamente à prisão de Libertad, quando terminasse nossa punição. Na véspera de Natal, liberaram o pessoal mais ou menos às duas da tarde. Ao meio-dia teve um churrasco para todos e, quando acabou, o quartel ficou vazio. Continuamos ali, nós e alguns guardas. Era um silêncio sepulcral que, por causa da data e da imensa sensação de solidão, apertou a minha alma. Porque, no fim das contas, estávamos acostumados aos sons do quartel, e quando ele ficava vazio, sentíamos ainda mais a solidão. Fazia muito calor nesse dia. Muito calor.

MR: Nessa noite, teve um som que acentuou ainda mais a sensação que você estava descrevendo, e que compartilhamos. Começamos a escutar uma batucada, bem longe, que durou horas.

FH: Longe. Uma festa, bem longe; escutei também um acordeão. Eu tinha feito a mim mesmo a promessa de não desanimar. São esses momentos de depressão que vêm em certas ocasiões, mas eu quis manter firme na minha cabeça a ideia de que esse era um dia como outro qualquer. Mas nessa noite, a batucada abalou o nosso emocional, e cheguei à amarga conclusão de que não, de que apesar de minhas forças e de meus esforços, não era uma noite qualquer, era uma noite especial; era véspera de Natal. Comemos cedo.

MR: Nessa noite, eu aguardava ansioso e impaciente que trouxessem comida: tinha cordeiro. Eu acho que era cordeiro porque reconheci os ossos. Comemos pior do que nos outros dias.

FH: Nos deram os ossos. Os restos da comida dos guardas, e deitamos mais cedo. (Com o passar dos anos nos acostumamos, porque passamos tantas festas nos quartéis...) Já estávamos dormindo há horas quando os foguetes nos acordaram...

MR: Percebe o que você disse? Passamos tantas "festas" nos quartéis...

FH: Passamos tantas vésperas de Natal, tantos Natais e tantos Anos-Novos nos quartéis!

MR: Teve um ano que escutamos menos fogos que nos outros. Pensamos que a crise tinha chegado, que não estava dando nem para os foguetes. Aquilo não deixava de ser uma mensagem popular...

FH: Aqueles dias eram tão cruéis para nós (por conta de todas as agressões que sofríamos) que comecei a desejar que chegasse a hora de dormir. Para que, através do sono, eu pudesse escapar daquilo tudo que estava vivendo. O calabouço foi uma experiência que me assombrou muito, porque eu nunca pensei que algo assim, por tantos anos, pudesse ser possível. Que um ser humano desejasse desaparecer para não viver a crueldade que estava vivendo. Cada manhã, cada despertar, era um constante nó na boca do estômago.

MR: O sono era a volta à vida, e o despertar, era o pesadelo.

FH: Cada amanhecer era esperar e calcular quais tipos de coisas nefastas nos aconteceriam.

MR: Os sonhos são tão cretinos que às vezes nem em sonho — pelo menos para mim — havia trégua; sonhava que abriam a porta, entravam e me encapuzavam. Vestígios diurnos, Nhato.

FH: O fato é que acordamos no outro dia e era Natal. O quartel permanecia quieto, inalterado. Tive que lutar muito para poder ir ao banheiro. Repetiram a brincadeira da comida. Nesse dia, tinha um cardápio especial, como sempre tem em todos os quartéis na véspera e no Natal, e nós recebemos os restos. Numa tardinha, com a solidão já bem avançada, tive pela primeira vez a ideia de tentar me comunicar com você.

MR: Era algo que sempre me vinha à cabeça, porque tínhamos um regime escasso de comunicação, só com dois tipos de sinais. "Ta, ta tara ta, ta, ta", que significava "estou bem". E a batida seca, que queria dizer "alerta" ou "perigo".

FH: Até esse momento, nós não tínhamos mais do que esses sinais: "estou bem" e "perigo". Não precisávamos de mais porque um de nós sempre achava que voltaria à uma prisão. Então, nós não sentimos durante meses (embora estivéssemos bastante machucados pelo mundo exterior) a necessidade de nos comunicar. Por um lado, a solidão e a data, e por outro, a passagem do tempo (já estávamos há mais de três meses nessas condições), foram os motivos para bater na parede. Dessa vez não era para dar um sinal de "estar bem" ou de "perigo", mas para comunicar uma palavra.

MR: Tínhamos que inventar um idioma; não tínhamos palavras já estabelecidas.

FH: Comecei garantindo que você compreendesse a palavra que eu estava transmitindo; se desse certo, ia desenvolver o código. Assim, a primeira palavra que eu pensei em lhe transmitir, já que era Natal, era óbvia. Pensei: mesmo que ele não entenda, vai deduzir que o que qualquer pessoa diz a outra no Natal é isso. Então, o primeiro código que me ocorreu inventar foi simplesmente o alfabeto, contar as letras: a letra "a", uma batida, a letra "b", duas batidas, a letra "c", três batidas.

MR: A "t", 20 batidas!

FH: Quando me sentava no canto que dava para o seu calabouço, sentia o roçar do seu corpo. Então, comecei a raspar a parede com a unha. Você entendeu na mesma hora e começou a raspar também do outro lado, como se dissesse: "Estou aqui".

MR: Me sentei contra o ruído que você fazia, costas contra costas, a parede no meio, com meu perfil esquerdo virado para a grade, porque tinha gente nos vigiando. Com o olhar perdido para o canto oposto, dobrava o meu braço direito atrás das costas, primeiro com as unhas, como você se lembrará, e depois com o nó do dedo médio.

FH: Onde criamos um calo.

MR: Que lhe trouxe aquele problema no dia da visita.

FH: Porque minha filha percebeu e me perguntou por que eu tinha aquele calo no dedo.

MR: O que chamou uma atenção enorme, porque o oficial que vigiava a visita podia deduzir o que estava acontecendo.

FH: Então, por mais de uma década, nos falamos assim. Não tínhamos outro sistema e chegamos a desenvolver uma grande velocidade. Mas na primeira vez a coisa foi lenta e trabalhosa. Me lembro que te transmiti da seguinte forma: 6-5-12-9-3-9-4-1-4-5 e logo fiz o sinal de "bem": 2-5-13

MR: Alfabeto que depois conseguimos simplificar.

MR: Mas esse foi o primeiro, com ritmo muito lento. Sua resposta foi um profundo silêncio. Fiquei na dúvida. Quando comecei a bater de novo, para ver se você tinha entendido, você me fez entender um "cala a boca", batendo desordenadamente, mas de forma muito eloquente. "Não me interrompa", era o que você queria me dizer.

MR: Ainda não associava as letras às batidas, então eu arranquei um pedaço do reboco e, como se estivesse jogando, marcava no chão o número de batidas para depois traduzir por letras.

FH: Então, de repente, depois de um tempo de angustiante silêncio, você me respondeu de uma maneira muito nervosa: "Bem". Você tinha entendido! Você começou a me responder, também devagarinho, a mesma palavra, com as mesmas batidas. E eu lhe respondi, do mesmo jeito, que estava tudo "bem", que também tinha entendido 6-5-12-9-3-9-4-1-4-5: felicidade.

MR: Mas muito breve.

FH: Quando terminamos a transmissão da primeira palavra e nos demos o sinal de "tudo bem"...

MR: Começaram os movimentos fora da rotina.

FH: Era de tardinha, quase caindo a noite. De repente, sinto que os camburões chegaram ao quartel.

MR: O motor é inconfundível. Em poucos minutos, chegaram aos montes para cortar nossos cabelos e nos barbear; entre eles, o médico, bêbado.

Mais uma de 45 transferências

FH: Eu tinha um calendário no calabouço, mas, conforme eu ia perdendo a noção do tempo, não tinha certeza se ele estava na data certa. Então, ao ler os documentos que atestavam que estávamos sendo bem tratados, aqueles que nos faziam assinar a cada transferência, eu verificava se meu calendário estava correto. Essa noite nos deixaram prontos para mais uma mudança. Não conseguimos dormir de tão nervosos que estávamos, mas também acredito que havia um certo tom de alegria nesse momento. Suspeitávamos que iríamos à penitenciária de Libertad novamente.

MR: Quando saímos de Santa Clara, dissemos: aonde quer que seja, pior do que aqui não será.

FH: Exatamente.

MR: Até então não sabíamos que sempre pode haver algo pior. Quando chegamos ao fundo do poço, dissemos: pior que isso não há. Mas é possível cavar mais e chegar ainda mais embaixo, como chegamos.

FH: No outro dia, de madrugada (era 26 de dezembro), já estávamos novamente presos com arame, jogados no camburão, nas mãos de um cabo que ao longo dos anos conheceríamos melhor, já que acompanharíamos sua carreira militar. Juntamente com outros soldados, ele se dedicará durante todo o trajeto, que por sorte foi curto (de Santa Clara a Melo a distância é curta), a nos torturar.

MR: Era uma diversão.

FH: Nossa atitude durante aquela viagem continuava sendo a de "nos portarmos bem", sugerindo que tínhamos terminado de cumprir a pena e que iríamos para "casa"...

MR: Sim, que aquilo tinha chegado ao fim.

FH: Então, nem respondíamos às provocações.

MR: Claro, estávamos tranquilos, a noite ficava para trás. Que iludidos!

FH: Se esse cabo tivesse feito conosco o mesmo que fez em outras transferências, o teríamos mandado para a puta que o pariu. Fomos vivendo esta evolução nesses anos: no começo, aceitávamos muita coisa e no final não aceitávamos mais nada; inclusive passamos a ter um comportamento permanentemente agressivo diante da mínima coisa que fizessem a conosco.

MR: Estávamos tão calejados que, quando vinham falar conosco, dávamos um pulo, como se estivéssemos sendo agredidos...

FH: Com o passar dos meses e dos anos, fomos incorporando isso. Com Pepe, se tivéssemos ficado mais tempo em Santa Clara de Olimar, eu poderia ter me comunicado mais. Sua cela ficava à esquerda da minha, mas a nossa transferência a Melo se deu justamente quando começamos a nos comunicar e, em Melo, ao invés de ter três calabouços tinham cinco, assim, deixaram o da ponta vazio, de forma que me colocaram ali, depois você, então deixaram o outro vazio, e colocaram Pepe na ponta. Nossa comunicação através da parede ficou impossível durante a estadia naquele lugar. E em Rocha aconteceria o mesmo.

MR: Exatamente igual. Depois disso, cada vez que iam nos transferir, ficávamos preocupados com que nos instalassem em calabouços que criassem uma barreira entre nós (já não sonhávamos com a volta à Penitenciária).

FH: Nossa comunicação foi cortada. Além disso, um calabouço vazio entre nós era muito perigoso; eles poderiam entrar ali e escutar nossas batidas. De modo que nos quartéis com mais de três calabouços, se houvesse a possibilidade de existir um vazio entre nós, ficaríamos incomunicáveis durante meses ou anos, como aconteceu e já veremos. Uma roleta russa.

MR: Contabilizamos 45 transferências durante essa jornada.

Onde o senhor comandante determina em qual posição devemos defecar

FH: Me desceram do caminhão violentamente, e, como sempre, fui levado a socos e pontapés até o calabouço, onde fiquei em pé, amarrado e com o capuz na cabeça por vários dias.

MR: Mesmo por debaixo do capuz, conseguia perceber uma luz. Durante o tempo que permaneci de pé, houve uma série de atividades. Assim como os calabouços de Santa Clara, os de Melo também não estavam terminados, já que tínhamos sido transferidos de repente. Por questões de segurança, as ordens não eram transmitidas com muita antecedência, para que a informação não vazasse e houvesse um possível resgate no meio do caminho. Quando chegamos, os calabouços, preparados para punir os milicos, não estavam prontos para nós: era preciso piorá-los. Aquele janelão maravilhoso, aquele janelão com que sonhávamos ao voltar a Melo em cada transferência sucessiva, foi tapado com papel azul...

FH: Você sempre chamou umas janelinhas redondinhas de "janelão", porque comparadas com o buraquinho de Santa Clara eram mesmo janelões!

MR: É como a felicidade: nada mais que a comparação de um estado com outro. Percebi que estavam fazendo algo na porta também: abrindo um buraquinho e colocando uma tranca. Em determinado momento, quando retomamos nossas conversas, uma das coisas que estávamos tramando era a possibilidade de fuga. Você me dizia que dava para sair pela janela, e eu não entendia como, porque tinha grade. Era porque o seu calabouço ainda não estava terminado, faltavam as grades e você pensava que o meu era igual. Lembro-me dos cálculos que você fazia: Você tira a roupa, se ensaboa (tinha que ser em uma noite chuvosa), depois passa uma perna, enfim... eu não entendia nada... até que um dia vieram e colocaram as grades que faltavam...

FH: Que alegria eu tive quando pedi, pela primeira vez, para mijar! Me levaram; bastavam cinco passos para chegar ao banheiro.

MR: A porta era de madeira compensada; quando a batíamos, era um prazer escutar como ela soava. Aquilo era a felicidade. Mas havia outra. A janela, que deveria estar hermeticamente tapada, não fechava direito, e por esses dois centímetros de luz era possível ver o céu e uma coisa maravilhosa: as copas das laranjeiras que beiravam a praça de armas.

FH: Onde às vezes pousava algum pássaro...

MR: Uma noite entrou em meu calabouço, meio atordoado porque ali também deixavam a nossa luz permanentemente acesa, um melro...

FH: Eram lâmpadas de maior potência, e como as celas eram mais brancas, eles ficavam atônitos.

MR: Lembro que, quando ele entrou me assustei. Eu estava dormindo e senti algo como uma revoada, então falei comigo mesmo: O que é isso? O corvo de Poe? Era um melro e eu pude pegá-lo. Então eu lhe perguntei: O que você acha que significa? Nos entretemos fazendo especulações, como quando os antigos gregos liam no voo das aves as mensagens que os deuses lhes enviavam. Você visionou a liberdade, mas errou nos prazos.

FH: A primeira vez que eu fui ao banheiro não para urinar, mas para fazer defecar, os sujeitos tinham a ordem de me desalgemar para que eu conseguisse usar o vaso, mas me prendendo ao cano de descarga. Assim, quando me prenderam, eu não consegui me agachar.

MR: Tiveram que fazer algumas consultas: o soldado falou com o cabo, o cabo falou com o sargento, o sargento com o tenente, o tenente com o capitão, e esse mandou consultar o comando-geral para saber o que fazer. Eu fico imaginando o que deve ter sido quando essa pergunta chegou ao chefe do Regimento.

FH: Íamos cagar algemados ou não? Bastante ridículo, porque para levar ao comando uma coisa dessas, uma discrepância com uma ordem dada, não me tiraram do banheiro, me deixaram lá como prova. Cada vez que vinha o cabo, depois o sargento, depois o tenente, depois o capitão e por último o comandante, me exibiam: "Está vendo? Veja, senhor comandante, como ele pode cagar preso aí? Só se colocarmos uma corrente mais comprida".

MR: No meu caso, um tenente ficou parado à minha frente para constatar se realmente eu não conseguia me agachar.

FH: Depois mudaram a ordem.

MR: Tiraram as algemas e nos amarraram com uma corda ao cano de descarga.

FH: Essa foi a severa atitude bélica do senhor comandante.

Agência de notícias e xadrez

FH: Melo era o lugar dos cachorros. Você se lembra? Éramos vigiados por três soldados, um para cada um de nós, um cabo que cuidava dos três soldados, mais um soldado que cuidava do cachorro, e o cachorro, que era encarregado de latir. No total eram quatro soldados, um cachorro e um cabo bem domesticados para três pichis dentro de um Regimento de 400 praças. E esse cachorro estava ali para nos vigiar quando fôssemos ao banheiro — que ficava bem à frente dos calabouços — amarrados e encapuzados. Cada vez que um de nós era levado, o cachorro disciplinadamente começava com seus latidos furiosos, seus ataques e seus gemidos de sofrimento (dava pena) por não poder nos morder. Mas nunca aconteceu qualquer acidente, apesar da quantidade de cachorros e do tempo que passamos lá.

Se lembra do nome dos cachorros? Katy. Luna... Ensinados a ser carrascos dos civis; não atacavam uniformes. Cheguei a duvidar que o cachorro fosse o melhor amigo do homem. Comecei a gostar mais dos gatos e de todos os animais que ganhavam a vida sem lamber nenhuma mão...

MR: Estavam tão orgulhosos de seus cães que os levavam às exposições do Prado[iv]. Você dizia: se o povo, se as crianças soubessem... soubessem que "a Equipe Conventos" incluía todo mundo...

FH: A guarda (como sempre) era terminantemente proibida de falar sobre qualquer tema enquanto estivesse aquartelada, mas, com o tempo, começaram a agir normalmente.

MR: Começou o tédio. Às vezes escutávamos, bem longe, uma rádio. Chegamos a sacrificar nosso sono para tentar pescar alguma informação. Mas o que dizíamos de Conventos me trouxe à memória dois acontecimentos históricos: após ter sido preso no Brasil, havia retornado o General Rivera. Voltou com vontade de abraçar as colinas, de se entranhar nos pastos de sua terra. E quando você falou da cadela "Luna", me lembrei do "Pardo" Luna, que viu Rivera em agonia e ouviu sua última frase: "Agora que eu não estou, se apegue à Constituição".

E o outro acontecimento: acampamos com uns companheiros da marcha dos canavieiros, com Beletti, Bandera Lima e os velhos e queridos companheiros canavieiros, que depois se aventuraram por outras partes da América Latina. Al-

iv Exposições Rurais do Prado são exposições agroindustriais organizadas pela Associação Rural do Uruguai.

guns deles estão desaparecidos. Lá recebemos a visita de um homem que era uma figura importante em Melo, aquele famoso prefeito...

FH: O "Nano" Pérez.

MR: "Nano" Pérez mandou perguntar o que nós precisávamos. Nos trouxe uma contribuição de cem pesos e depois, enviou alguns frangos.

FH: Os calabouços de Melo eram muito melhores que os de Santa Clara de Olimar. Primeiro, porque tinham piso de cerâmica; segundo, porque eram um pouco maiores; e terceiro, porque tinham as paredes rebocadas e bem limpas...

MR: E aquela janela maravilhosa; aquilo era um bangalô com vista para o mar; mas veja, quando você diz que eram um pouco maiores, da segunda vez que nos levaram a Melo...

FH: Ah, me lembro! Pareciam menores do que você havia imaginado...

MR: Aquilo — na minha cabeça — era uma pista de dança, irmão...

FH: Claro, na verdade eram calabouços bem pequenos, mas, em comparação aos de Santa Clara de Olimar, eram...

MR: Ligeiramente mais amplos, e de largura tinham mais ou menos a mesma distância.

FH: E aquela preciosa janela redonda, que você chama de janelão, mas na verdade era uma janela olho-de-boi com grades, que fechavam com papel azul de encapar livro, deixando tudo hermeticamente tapado. Aí começa a nossa luta por um pouco de ar.

MR: A primeira coisa que eu constatei, como indício da Providência Divina, assim como quando eu encontrei no calabouço de Santa Clara um ninho de ratos que usei para fazer xixi (porque aquilo não podia ser outra coisa a não ser obra da mão de Deus), foi que a armação da minha janela estava danificada; com isso, ela não fechava direito, ficando 2 centímetros aberta, por onde entrava um pouco do ventinho da manhã, diante do qual eu me sentava para receber um pouco de ar fresco com cheiro de laranja. Quando ganhei um pouco mais de confiança, passei a empurrar a janelinha com os dedos para que ao invés de dois centímetros, tivesse dois e meio.

FH: Lutávamos impiedosamente e implacavelmente por um pouco de ar, porque, enquanto em Santa Clara de Olimar tínhamos aquela janela completamente aberta, por onde entrava frio e chuva, ao chegar a Melo percebemos que era muito pior não ter nenhum tipo de janela. Porque, depois de algumas horas, o ar ficava viciado e começávamos a sentir falta de ar.

MR: A segunda coisa que percebemos era que, pela viela que tinha embaixo da janela, dava para ouvir os soldados passando e conversando, de forma que de vez em quando conseguíamos escutar alguma notícia.

FH: Sim, também entravam abelhas, porque tinha uma colmeia na janela.

MR: As abelhas, que apesar de serem muito trabalhadoras, são muito tontas. Iam para a luz e de lá não saiam, ficavam paradas. A varejeira era mais inteligente: entrava, dava umas quatro voltas, andava pelo chão, descansava, se levantava de novo e rapidamente encontrava a saída. Mas as abelhas grudavam naquela lâmpada e vivíamos em uma luta contra elas... O zumbido não nos deixava dormir. Meses. Anos.

FH: Porque elas entravam à tarde pela fendinha da janela, quando a luz da lâmpada era mais forte que a luz do dia.

Esses calabouços tinham marcas de presença humana. Quase todas as paredes estavam escritas, a maior parte por soldados que ali tinham cumprido penas rígidas.

MR: Durante as primeiras semanas que estivemos lá, tentaram de todas as formas não nos deixar dormir durante a noite. Chutavam as portas, começavam a marchar à frente dos calabouços, pisando bem forte...

FH: Eu pensava: "o trabalho que essa gente tem ao ficar toda noite fazendo isso para que não consigamos dormir; tem de ter muito ódio para fazer esse trabalho". Porque aqueles guardas podiam estar tomando um mate tranquilamente, sentados, pensando na morte da bezerra, mas se dedicavam a nos martirizar até que se cansarem.

MR: Um dia, percebemos que os soldados deixavam, nos canos da descarga onde nos prendiam, jornais velhos que eram usados para higiene.

FH: E não só no cano. Ao invés de jogarem no lixo, depois de usar, deixavam no chão. Quando o soldado e o cachorro se distraíam, pegávamos pedaços do jornal que ficavam no cano, e, se desse, os do chão. Assim, eu consegui ler os editoriais, de merda, do El País.

MR: No caso das notícias, só pelo fato de serem notícias, sempre encontrávamos o lado bom. Tentávamos encontrar algo para nos animar, algo significativo que nos permitisse especular.

FH: A importância que esta "biblioteca" terá para nós nos quartéis onde usávamos o mesmo banheiro que os soldados será transcendental por mais de uma década. A principal fonte de informação do mundo exterior. O fato de que, para nós, qualquer notícia fosse motivo de especulação, era porque geralmente encontrávamos as notícias pela metade, ou somente os editoriais, de forma que podíamos continuá-los ao nosso "bel prazer".

Um pedacinho da página do editorial do El País ou da página internacional, com o centro claramente marcado com merda, era o mesmo que ler a quarta parte de uma informação, a terceira de outra e um pedacinho de outra mais. O restante da notícia tinha que ser criado com a força da imaginação, e, como sempre, a imaginação se inclina para o melhor; nós podíamos acomodar muito bem o mundo exterior graças a este tipo de cultura que chegava até nós pelas latrinas do quartel.

MR: Nos servia como fonte de especulação até mesmo um pedaço da seção de avisos; a base de preço dos televisores, por exemplo, nos permitia deduzir a situação econômica do país...

FH: Fomos melhorando paulatinamente nossas comunicações. No começo, conseguíamos transmitir uma ou duas frases depois de bater na parede um dia inteiro. Devagar, fomos adquirindo memória suficiente para não precisar anotar nada, entendendo simplesmente de ouvido. Assim, era suficiente conhecer as primeiras 4 ou 5 letras de uma palavra e o contexto de uma frase para dar o sinal de "compreendido" e seguir em frente. A primeira utilidade que demos às nossas comunicações foi a troca de informações. O pouquinho que sabíamos era algo que nossas visitas podiam ou não ter falado, ou algo que deduzimos de um olhar ou de um gesto, e até mesmo alguma conversa de milicos que havíamos escutado durante uma ida ao banheiro. Estávamos em condições de trocar informações com certa velocidade e de começar a debater problemas.

MR: Uma vez finalizada a troca da pouca informação que tínhamos, vinham as especulações. Começávamos as análises políticas, a pensar em quanto tempo ficaríamos naquela situação e no que estaria acontecendo lá fora, além dos muros.

FH: Durante as tardes, por meio desse método de comunicação, jogávamos uma partida de xadrez.

MR: Quando esgotávamos as informações, as especulações, o estado de saúde, percebemos que, ao não ter absolutamente nada para fazer — não tínhamos cigarro, não tínhamos nada para ler —, não tínhamos nada, precisávamos buscar alguma solução para ir seguindo os dias, já que tínhamos que vencê-lo minuto a minuto.

FH: Quando tinha guimbas, quando tinha cigarros, parecia que os dias iam sendo marcados com guimbas e que ao anoitecer a única coisa que ficava era um monte de fumaça e cinza no lugar onde eu estava sentado.

MR: E o primeiro problema que surgiu com o assunto do xadrez era que se nos vissem com um tabuleiro improvisado, movendo peças...

FH: Nos observavam constantemente.

MR: Deduziriam que estávamos nos comunicando. Tínhamos que fazer isso correndo um risco muito grande, risco que nos fez posteriormente eliminar de vez o xadrez, mas que, naquele momento, foi muito necessário. Tínhamos que fazer um tabuleiro...

FH: ...na parede...

MR: Em algum lugar. Você fez na parede e apagava o movimento das peças com o canto da unha, o que gerava grandes confusões — lembre-se que tivemos discussões — e umas brigas bem feias.

FH: Até hoje tenho convicção de que você me enganou em algumas partidas.

MR: Desculpa, Nhato. Meu tabuleiro foi confeccionado em um papelzinho de embalagem do cigarro "La Paz". Nós estávamos acostumados a guardar, conservar, esconder toda porcaria útil: fiozinhos, cordinhas, alfinetes, latinhas, as menores coisas viravam nossos bens terrenos, de uso, porque serviriam para algo. Uma cordinha, por exemplo, servia para quando tirassem o cadarço dos nossos sapatos: passávamos em todos os buraquinhos e fazíamos um nozinho para que não saísse dos nossos pés durante as pancadas.

Nesse papelzinho de cigarro, marquei o tabuleiro passando a unha sobre o que seriam as casas pretas e deixei sem marca alguma o que seriam as brancas. Com pedacinhos de papel fiz as peças que, no caso de entrarem de repente, poderiam ser espalhadas com um simples assopro.

FH: Nos sábados, durante a manhã e à tarde, os presos que ficavam próximos aos nossos calabouços recebiam visitas. Por isso, os sábados eram para nós um dia de festa. Simplesmente porque ouvíamos as diferentes vozes dos nossos companheiros, que eram trazidos ali para perto. Nunca vimos esses presos, mas os escutávamos chegar, escutávamos as ordens que os guardas lhes davam e escutávamos suas conversas com familiares.

MR: Os sons que chegavam de forma mais nítida eram as vozes das crianças. Vozes de crianças que, para nós, fizeram muita falta durantes esses anos, e que, quando ouvíamos alguma pelo quartel, ficávamos imensamente felizes.

FH: Eu tinha planejado falar sobre a questão das crianças. Da ausência de crianças no universo em que nos colocaram. A presença da visita dos companheiros, no sábado, seria a última (nós nem desconfiávamos disso), a última vez que estaríamos tão próximos de uma quantidade tão grande de companheiros. Somente o fato de saber que eles existiam, que não havia nada mais que uma porta que nos separava, já era uma festa para nós.

Vestígios de companheiros desaparecidos?

FH: Algumas vezes, nos calabouços vizinhos, escutávamos por alguns dias a presença de outros presos; em outras oportunidades, por algumas semanas. Até hoje não sabemos quem eram.

MR: Havia uma expressa proibição de que houvesse outros presos perto de nós, então, essas presenças excepcionais eram muito significativas.

FH: Exatamente. Às vezes penso se ali, nos casos em que esbarramos com outros presos, em outros quartéis, não teria sido alguns dos que hoje estão desaparecidos, porque sempre tive a sensação de que eram presenças ocultas, fantasmagóricas.

MR: Vez ou outra sabíamos de quem se tratava, e isso era uma situação anormal, mesmo dentro da anormalidade da situação. Temos, por exemplo, o caso do "Negro" Viana nos calabouços de Rocha (sobre quem falaremos mais adiante), que havia sido sequestrado na Argentina.

FH: Esse caso reunia (embora não tenha acontecido) todas as características para terminar em desaparecimento: sua detenção no país não tinha sido registrada.

MR: Em Melo, tivemos um companheiro que tinha sofrido torturas psicológicas. Era engenheiro e professor de matemática. O torturaram muito, deixando-o em um estado constante de extremo estresse.

FH: Quando tivemos contato com ele pela primeira vez, por volta de 74, através da sua voz e nada mais, era uma incógnita. Escutávamos seus gritos, sua voz.

MR: Colocavam camisa de força nele. Era todo o tratamento médico. Escutávamos os guardas zombarem de seu estado, e, em determinado momento disseram: "Tranquilo, se acalme, senão vai morrer com a camisa de força".

FH: Pronunciava longos discursos, a qualquer hora do dia ou da noite.

MR: Chamava pela sua companheira, que também havia sido torturada, e, entre outras coisas, gritava: "Saberemos cumprir!".

FH: Quem era? O que aconteceu com ele? Não sabemos.

MR: Só sabíamos que era um companheiro. Algum destes fantasmas, que nós percebemos nos quartéis; podia ser um desaparecido. Da primeira ou segunda vez que estivemos em Trinta e

Três, numa noite, supondo que já estivéssemos dormindo, os guardas falavam baixinho, como se estivessem confessando, coisas absurdas, com a mesma naturalidade com que falavam de futebol. Vou contar uma antes de falar da mais importante, porque aquela conversa entre os soldados destilava veracidade.

Tinham abordado um grupo de estudantes. Eles estavam em um galpão, com a estrita proibição de entrada da guarda, porque eram jovens de 14 e 15 anos. Mas, em determinado momento, um guarda que estava vigiando não viu que um deles tinha cortado os pulsos. Então, diante de um acontecimento dessa proporção, entrou um homem no galpão, contrariando as ordens que tinham sido estabelecidas, e disse: "O que você fez? Você cortou os pulsos?". Então ele fez um torniquete e chamou um médico para suturar o corte. O cabo que vigiava os meninos acabou sendo punido. A partir dessa história, começaram a contar as outras. Uma delas foi: "Se lembra daquela vez que acertamos um tiro de 45 na nuca de um cara, depois o colocamos na mala de um táxi e o enterramos no monte?".

FH: Exatamente. Esse guarda era da Inteligência e poderia perfeitamente ser protagonista. Em Laguna del Sauce, em 1976, comentavam: "Estes estão mal (referindo-se a nós), mas aqueles que estão 'lá em cima' estão muito piores, não é?".

Eles se referiam a outros presos, que estavam num lugar que chamavam “em cima”, no mesmo quartel de Laguna del Sauce, e que estavam piores que nós — tínhamos apanhado, estávamos sem comer e sem beber.

MR: E em Paso de los Toros, aquela outra história de quando encontraram no lago da represa de Baygorria os cadáveres de dois homens que nunca foram identificados, amarrados com arame e com uma pedra presa aos pés; a correnteza tinha cortado as cordas que prendiam os pés à pedra e os corpos saíram flutuando.

FH: Sim, digamos que o companheiro de Melo foi a primeira presença dessas que chamamos de fantasmagóricas, de outros presos que nunca conhecemos, que não sabemos quem são; até hoje não sabemos quem é o do 8º Batalhão da Cavalaria. Quer dizer, em diferentes quartéis onde estivemos, não com muita frequência, mas às vezes e ao longo de todos esses anos, havia outros presos em celas vizinhas às nossas dos quais a única coisa que conhecemos é a voz. Os escutávamos pedir para ir ao banheiro, ou gritar.

MR: Talvez sejam rastros de companheiros mortos que não terminaram de morrer. Porque sua agonia ainda vive na incerteza de centenas de familiares que ignoram seu destino.

O general Gregorio Álvarez nos calabouços

FH: Em Melo tivemos a visita de Gregorio Álvarez, novo comandante da divisão IV do Exército. Quando fomos transferidos para Santa Clara de Olimar pela primeira vez, o comandante da divisão era Vadora. Em fevereiro de 1974, Vadora deixou o comando da divisão e Gregorio Álvarez o substituiu, e nesse mesmo mês decidiu visitar nossas celas em Melo. Nós conhecíamos Álvarez das "negociações" de 72, se lembra?

MR: Recordo que no 9° Batalhão de Cavalaria tive com ele e com o general Cristi duas discussões demoradíssimas, uma de seis e outra de oito horas. Tinha chegado com o chicote de general da cavalaria, seu cetro de sonhos napoleônicos. Cristi veio com toda sua comitiva. Estávamos discutindo sobre os problemas nacionais. Depois voltamos a nos encontrar naquela reunião do Batalhão Florida, onde haviam previamente nos juntado com os dirigentes da organização que estavam presos. Primeiro, nos propuseram a rendição incondicional, que negamos. Também estavam os comandantes de todas as armas: Zorrilla, Pérez Caldas, Gravina, os comandantes de divisões e Ramón Trabal. Por isso, quando soubemos que Álvarez tinha sido designado como comandante da divisão, logo pensamos que nossa situação poderia melhorar, como realmente melhorou. Depois que ele nos visitou, tomou medidas drásticas e estritas sobre a nossa situação, e em 24 horas cumpriram a ordem que ele havia dado: trouxeram uma cadeira para cada.

FH: Sim, é verdade. Se por um lado a visita de Gregorio Álvarez pudesse nos dar espaço para supor as coisas, por outro, tinha seus aspectos ameaçadores. É importante destacar que não éramos desconhecidos para ele, não era a primeira vez que nos via.

MR: Ele foi designado como Chefe de Estado Maior Conjunto (ES.MA.CO) em 1971, quando se agrava em nosso país o processo de tortura sistemática e massiva.

FH: A presença de Gregorio Álvarez como chefe de divisão nos deixava na expectativa de qual seria a sua reação diante de nós. Por um lado, tínhamos elementos para achar que nossa situação melhoraria, e, por outro, para pensar que poderia piorar. O fato é que ele entrou em nosso calabouço e nos perguntou como estávamos.

MR: Perguntas de praxe, protocolares. Perguntou pela comida, por exemplo, e se tínhamos banho de sol. Se tivéssemos reclamado da falta de comida ou banho de sol, ou até mesmo termos dito que era insuficiente, isso não resultaria em melhoras, mas sim em mais represálias.

FH: Represálias que às vezes eram ordenadas pelo mesmo general ou coronel, de acordo com quem fosse nos visitar. Nos faziam perguntas ardilosas.

MR: Exatamente. Me lembro que um dia chegaram em Santa Clara o comandante e um coronel. Primeiro, nos levaram para ver os bichos da fazenda (o homem era fazendeiro) e depois para fazer o mesmo em outra estância. Dessa vez, eu pedi livros e água. Na manhã seguinte, quando me levaram ao banheiro, o comandante da guarda era aquele primeiro sargento, alto e musculoso, o único comandante da guarda cujo sabre não arrastava no chão (porque os outros soldados não ultrapassavam a altura mínima), me ameaçou: "Da próxima vez que você fizer alguma queixa, seu filho da puta, vai acontecer com você o mesmo que hoje; vai ficar de pé e sem comer". E deste dia em diante, como consequência de ter pedido água e livro ao comandante e seu acompanhante, passei a pensar seriamente nas respostas que deveria dar quando chegassem para nos visitar.

FH: Gregorio Álvarez fez sua visita, abriu as portas, falou rapidamente conosco e, como resultado de sua visita, no dia seguinte, trouxeram uma cadeira para cada um de nós, dizendo que era ordem do general. É preciso imaginar o que era aquele calabouço com uma cadeira. A minha era talhada, uma cadeira de escritório. Um luxo!

MR: Nunca tivemos uma cadeira como aquela.

FH: Sim! Ela era tão grande que acabava atrapalhando. Não conseguíamos caminhar. Era para que nos sentássemos como idiotas, mas idiotas bem acomodados...

MR: Isso foi muito mais que uma história, foi também uma premonição: assim seriam as deliberações de Álvarez em seu árduo cargo de chefe do Poder Executivo.

MR: Tivemos autorização para tomar mate, mas a erva ficava do lado de fora dos calabouços (como tudo) e era consumida pelos guardas. Então, como costumavam nos dar uma vassoura de cerdas de carqueja para varrer os calabouços, eu batia bastante em cada canto para que caíssem alguns galhos, assim eu conseguia fazer mates de carqueja "ao pó".

FH: Que ainda assim era mais limpo do que a água que nos davam. A visita de Gregorio Álvarez trouxe uma mudança em nossa estratégia, com uma triste consequência. Aconteceu em fevereiro, quando já estávamos há quatro ou cinco meses nessas condições; era pouco tempo, na verdade estávamos "inaugurando" nossa categoria de reféns. Até este momento, embora tivéssemos intuído que nossa situação pudesse ser definitiva, ainda permaneciam certas esperanças de que não fosse. Após a visita do general da divisão, as coisas permaneceram do mesmo jeito, o que nos deu a confirmação do que já nos haviam dito: éramos reféns. A ameaça não era uma frase à toa. Isso nos obrigou a adotar outras medidas, porque chegar a essa conclusão com o grau de certeza que tivemos era algo muito difícil.

MR: A esta altura dos acontecimentos, conversámos através da parede com muita facilidade e concordamos que o comando do Exército tinha decidido que permaneceríamos sem prazo neste regime de reclusão. Isso tornava tudo mais preocupante. É possível suportar uma situação assim sabendo que há um limite, mas não havia. Podia durar enquanto a situação do país não mudasse ou não chegasse o ponto final para nós.

FH: Então começamos a avaliar tudo com novos olhos. O calabouço, a comida, a nossa vida, e chegamos à indiscutível conclusão de que os militares estavam loucos. Nenhum ser humano poderia aguentar aquelas condições, a médio ou a longo prazo, sem adoecer. Até este momento, nos comportamos por causa de outra especulação: "Não vamos causar nenhuma confusão, estamos assim por causa dos tumultos que fizemos na Prisão de Libertad". A partir daquele momento, estávamos como Hernán Cortés quando queimou os navios[v]: planejaríamos a luta.

MR: Sobre nós também pesava uma ordem cuja existência só soubemos quando foi modifica-

---

v Hernán Cortés, implacável conquistador espanhol. A história conta que Cortés, ao tomar as terras mexicanas do povo asteca no século XVI, notou que seus soldados estavam apreensivos. Para impedir que eles fugissem, ateou fogo nos navios.

da: havia uma autorização para que nos batessem quando quisessem. Muitos anos depois vieram como quem conta uma boa nova: "A partir de hoje, vocês já não podem mais ser maltratados". Ordem que (claro!) tinha mais exceção que regra.

FH: Ou seja, a "consequência política" da visita de Gregorio Álvarez em um universo no qual nos movíamos...

MR: Nos obrigava a estabelecer padrões de conduta que significassem um ato de luta e resistência.

FH: Neste verão de 1974, em Melo, recebo a visita da minha advogada, que, apesar das proibições (era uma mulher corajosa), me comunicou que não éramos os únicos nestas condições; havia outros seis companheiros. Por ter sido capturado no dia 14 de abril de 1972 (o estado de guerra foi decretado no dia 16), eu era um dos poucos presos e o único refém que não estava submetido à justiça militar. Eu dependia de um juiz civil e minha situação, a de estar num quartel militar, era ilegal desde o ponto de vista jurídico.

MR: Não sei exatamente em que unidade, anos depois, chegou a informação da justiça civil de que você tinha cumprido a sua pena...

FH: O juiz tinha me absolvido de uma das minhas acusações de "fuga", e os ignorantes que leram a notificação que chegou para ser assinada entenderam que fui absolvido de todas as minhas acusações. Então, pediram a cabeça do juiz que cometeu tamanho desacato.

Isso aconteceu uns anos depois, mas, em 74, o juiz civil responsável pela minha causa havia me convocado a Montevidéu para que fosse conduzida uma acareação; eu seria interrogado. O comando militar desobedeceu a essa ordem. Pediram ao juiz que se deslocasse à unidade onde eu estava preso porque eles se negavam a me levar. Então, cumprindo nosso plano de lutar e resistir, decidimos insistir com minha advogada para ser levado até Montevidéu, para que eu tivesse a primeira oportunidade de falar detalhadamente sobre nossas condições na prisão.

MR: Havia uma ordem determinando que, sem a autorização do Comando Geral do Exército, não podíamos ser levados nem ao hospital nem ao tribunal. Nesta ocasião, recebi a visita de um juiz. Não me levaram a Montevidéu para comparecer diante do coronel Silva Ledesma, mas o levaram até o 8° Batalhão da Cavalaria. Me lembro da minha entrevista com ele por causa de um detalhe: ele estava sentado em uma poltrona e, em determinado momento, sentiu que algo incomodava seus honoráveis glúteos: uma caneta. Me disse: "Você, Rosencof, que é escritor, guarde ela. Certamente você não tem uma na cela, dou-lhe esta". E eu respondi: "Agradeço, coronel, mas se me veem chegando com uma caneta, eu quem serei punido, não o senhor". O "bom homem" tinha jogado verde para colher maduro.

FH: Ainda sobre nossa luta, decidimos que de alguma forma comunicaríamos a nossas famílias nossa real situação. Porque, até então, apesar de tudo que tínhamos passado, nunca havíamos contado.

MR: Para que eles não sofressem mais do que já estavam sofrendo.

FH: Também decidimos que, daquele momento em diante, exigiríamos cuidado rigoroso com nossa saúde, porque era normal concluir que ficaríamos doentes, o que logo aconteceu. Esse era um ponto frágil do seu plano, e deviam pagar, pelo menos, o preço político dele.

MR: A partir deste momento nossa primeira lei será: resistir.

"Meu pai não tem mãos"

FH: Aconteceram então, naquela época, as visitas de minha filha Gabriela, que vivia em um quartel, porque nasceu em um quartel, já que minha companheira estava grávida quando "caiu" no ano de 1972...

MR: Diga-se de passagem, foi quando sua filha pôde ver você e a mãe juntos pela primeira vez...

FH: Em 14 de março de 1985, quando ambos fomos libertados no último grupo.

Em 1974, minha filha, que ainda não tinha dois anos, vivia com a mãe em um quartel. O problema era que, para que eu recebesse sua visita, tinha que coincidir com o dia em que permitiam aos familiares que retirassem as crianças do quartel para levá-los para passear. A viagem a lugares tão distantes como Melo não era uma coisa muito fácil para uma criança. Todas as visitas com a minha filha durante essa época, significavam para mim, e significam até hoje, lembranças muito dolorosas, porque desde a hora que a pequena chegava até a hora de sair era um choro só. Para ela, não havia nenhum prazer em me ver, a ponto de eu discutir com a minha família para que não a levassem mais. Considerava que não eram visitas convenientes para uma menina daquela idade. Minha família, após consultar psicólogos e psiquiatras, opinava que minha filha tinha que me conhecer. Essa discussão se estendeu por vários anos.

MR: Eu me lembro do choro de sua filha em Santa Clara de Olimar, acho que na segunda vez que estivemos lá; Gabrielita tinha uns quatro anos. Me lembro de algo que rapidamente poderíamos reconstituir, porque fiquei com alguma ideia, ainda que vaga, do que aconteceu. Você me perguntou, considerando que eu tinha um pouco mais de experiência como pai do que você, sobre o que poderia falar para ela e quais histórias poderia contar. E eu, a partir de então, cada vez que tinha visita, comecei a contar a você algumas historinhas que inventei para Gabrielita, se lembra?

FH: Sim.

MR: Falava sobre uma menina cujos sonhos se tornavam realidade. A história começava contando sobre uma manhã em que a mãe ia acordá-la e a menina dizia: "Dê comida aos pintinhos". "Que pintinhos?" "Os pintinhos azuis" "Mas aqui não tem, não existem pintinhos azuis" E, nesse momento, eles começam a piar e a aparecer embaixo da cama. Tudo isso continua acontecendo até que a menina finalmente vai ao zoológico. Uma noite sonha com um elefante e que não tinha onde colocá-lo. A moral da história: os sonhos de uma criança não cabem num quarto, como os nossos não cabiam em um calabouço.

FH: Imagine o que uma criança sente em uma visita em que acabam de tirar o capuz de seu pai, que muitas vezes tinha a cabeça machucada, e que tinha as mãos amarradas debaixo da mesa. Eu precisava desesperadamente ter alguma coisa para contar a ela, para poder arrancar um sorriso ou pelo menos ajudar a segurar o choro. Por causa de toda a situação, de todas as visitas, minha filha começou a ter problemas. Uma das coisas que ela dizia ao psicólogo era que ela chorava e tinha medo, porque seu pai não tinha mãos. Os militares eram capazes de proporcionar a uma criança de dois, quatro anos, visitas nessas condições.

MR: Me lembro da história de Alejandra, em Melo. Antes da visita, a pequena tinha escrito em pedacinhos de papel: "Papai, te amo" e os jogou ao vento com a esperança de que o vento os fizesse chegar até a minha cela. Não faço ideia de como um chegou. E fiz um poema:

> *Escrevestes num papelzinho "Papai te amo",*
>
> *e jogou-o no ar, com um sopro,*
>
> *vagou e vagou como um pássaro perdido*
>
> *como quando abandona seu ninho no primeiro voo.*

Pelos caminhos sem rastros da brisa,
buscando o caminho desconhecido,
foi despertar o sono
daquele que, dia após dia, espera um mensageiro.

Dançou titubeante frente à grade
o alvo papelzinho que caiu do céu
e então, meu olhar perplexo, percebeu
que aquela pluma que pousou no chão
era a carta em que minha abelhinha
me enviava o mel de seu consolo.

FH: A visita em Trinta e Três, em 1978, era com uma mesa de fórmica nos separando dos familiares. Um dia, eu fui depois de você. Vi uma pocinha em cima da mesa no lugar onde a família se sentava. Imaginei que era das lágrimas de Alejandra. Quando retornei ao calabouço, perguntei-lhe e você me disse que sim, que ela chorou durante toda a visita. E eu disse que algum dia eles pagariam por todas essas lágrimas. Acredito que já estejam começando a pagar.

MR: Gabrielita, em determinado momento, resistia em ir às visitas de Punta de Rieles para ver a mãe, porque naquele tempo havia se popularizado, acho que por conta de um romance de Jorge Amado, aquela fitinha que amarravam no pulso das crianças, acreditando que elas se soltariam sozinhas depois que três desejos fossem realizados. Revistaram a pequenina, tiraram sua roupinha e arrancaram a fitinha. Queriam arrancar até mesmo os sonhos de nossos filhos.

“Companheiro”

MR: Estava em Melo aquele médico magro, bem magrinho, que dava para perceber que era recém-chegado, de quem jamais ouvimos o som da voz. Contávamos o que estávamos sentindo e ele permanecia calado. Depois, ele nos enviava o medicamento, que nunca soubemos qual era. Cumpria rigorosamente a ordem de ficar em silêncio. Aquele médico magrelo que reencontramos em várias oportunidades, sem poder falar, o vimos pela última vez no ano de 1982. Tinha engordado tanto que a adiposidade pulava por cima do cabedal do sapato.

FH: Claramente tudo tinha dado certo para ele.

MR: Nhato, seu aniversário tinha sido por aqueles dias; foi nosso primeiro aniversário sem comunicação.

FH: No dia 14 de março de 1974. Tinha falado com você uns dias antes e você tinha feito um poema de presente para mim. Me transmitiu através da parede. Começava dizendo: “E se este fosse meu último poema triste e insubmisso...”.

MR:

> *E se este fosse*
>
> *meu último poema,*
>
> *triste e insubmisso,*
>
> *puído por inteiro,*
>
> *somente uma palavra*
>
> *eu escreveria:*
>
> *Companheiro.*

FH: No outro dia haveria uma grande transferência de presos; o volume de pacotes, colchões, coisas que eram amontoadas na frente de nossos calabouços, os guardas que participaram, o barulho dos veículos, só confirmaram nossas suspeitas. No mesmo dia, 15 de março de 1974, se repetiu a mesma rotina que tínhamos experimentado em Santa Clara de Olimar: o cabeleireiro que nos barbeava e raspava nossos cabelos, o médico, que ainda estava magro, nos examinava. A transferência seria na madrugada do dia 16.

MR: Mas antes, algo que nos esquecemos de contar: o plano que tínhamos elaborado. Basicamente, consistia em dois pontos: um, fazer com que a nossa situação fosse conhecida; o outro, providenciar que nos levassem a um hospital e a um juiz.

FH: A qualquer lugar onde pudéssemos falar com alguém.

MR: Onde pudéssemos contar o que estava acontecendo conosco e pudéssemos ter alguma informação. Com esse plano debaixo do braço, fomos transferidos, daquele jeito em que nos sentam sobre um apoio, com as mãos amarradas, cada um, e os três juntos, entrelaçados por arames, o que permitiu a nós, que tínhamos as mãos em contato, estabelecer um segundo tipo de comunicação: com uma leve pressão do meu dedo em sua mão, o seu sobre a minha, íamos fazendo comentários sobre a viagem.

FH: Uma das mais longas. Aquela em que você se mijou. Você começou a pedir para ir ao banheiro, não deram bola, e, no final, quando os guardas que estavam conosco perceberam que você não aguentava...

MR: Teve um soldado, um pouco mais tranquilo, que disse: "Vamos deixá-lo mijar". "Mas eu estou com as mãos amarradas para trás, não posso" Eles não tinham autorização para desamarrar nossas mãos, então começou aquela operação que me espantou no começo, porque não sabia até onde poderia chegar. Abriram meu zíper! Mexeram até a altura da virilha buscando "o instrumento", tiraram-no para fora. O homem fez piadas sobre os movimentos, e pude, no meio das gargalhadas dos guardas, pôr para fora toda a urina que estava acumulada a mais ou menos dez horas.

FH: De todas as formas, penso que o gesto desse soldado...

MR: ...Foi reconfortante.

FH: Sim, porque ele agiu como um enfermeiro...

MR: ...Foi um gesto de humanidade.

FH: Os guardas, logo depois de fazerem comentários ofensivos e se divertirem conosco, ficaram impressionados com o gesto de seu próprio companheiro. Dali em diante, guardaram profundo silêncio até chegarmos ao nosso destino.

Calabouços com fronteira

FH: Ao chegar, abriram a porta do camburão e, como de costume, nos desceram a porrada socos e chutes acompanhados de frases divertidas: "Agora sim vocês chegaram a um lugar onde serão bem tratados". Nos jogaram nos calaboucinhos minúsculos do 12° Batalhão de Infantaria, em Rocha.

MR: Dentro tinham beliches, o que nos deixava uns 60 centímetros de espaço de sobra, e nada mais.

FH: De largura, talvez menos.

MR: A vantagem que eles tinham, e que logo perderiam, é que eles eram mais compridos que os outros...

FH: ...compridos e estreitos...

MR: ...estreitos por causa daquele trambolho. Mas o comprimento daquela cela ia nos pertencer por pouco tempo, porque, no dia seguinte, entraram com uma lata de tinta e um pincel, e, a um metro da porta, pintaram uma faixa branca e nos disseram para não passar dali.

FH: Tinha uma janela bem pequenina, pintada de preto.

MR: Que tinha sido fechada hermeticamente. Do lado de fora colocaram uma placa de metal, e por dentro colocaram um cartaz que dizia: "Proebido (com e) tocar. Grade electrificada (com c)".

FH: De modo que não entrava um raio de luz sequer, tampouco um sopro de ar.

MR: Mas, em Minas, eles foram mais prolixos quanto à faixa que pintaram no chão: quando a pintaram, vieram com um molde de letras e escreveram: "Proibido passar".

FH: A partir dali passamos a ter problemas fronteiriços, de forma que não existia espaço entre o beliche e a linha traçada, e não tínhamos como andar. Vivíamos sentados. Sentados no beliche, com a cara contra a parede.

FH: Como o estrado da cama de cima ficava na altura da nuca, não tinha como ficar sentado reto; no chão não tinha espaço e era terminantemente proibido deitar.

FH: De repente, apenas demos por perdida a batalha pelo ar. A única ventilação que tínhamos vinha por debaixo da porta. Vivemos anos sentados, esperando... por trás da janelinha, eles vinham contemplar nossa desgraça. Podíamos ouvir os risos anônimos.

MR: O outono estava chegando. A água do chuveiro era sempre fria, e no inverno formavam-se pedrinhas de gelo.

FH: Eles notaram, com agradável surpresa, que estávamos sofrendo com o frio. Assim, como no verão e na primavera nos deixavam sem banho, agora faziam questão de que sempre estivéssemos banhados, com o único objetivo de que congelássemos. Em um desses banhos, meu macacão ficou no caminho. Um dia eu o tirei para tomar banho; era um monte de trapos inservíveis. O oficial encarregado me disse para que não o vestisse mais. Um punhado de farrapos, sujo, o macacão 787 (e o 813) ficaram no lixo de Rocha. Não aguentaram tanto quanto os nossos corpos.

MR: Tínhamos a noção da passagem do tempo, cruelmente, através disso. Nossas coisas se desintegravam.

FH: Também tínhamos noção por causa da nossa cara. Nos barbeávamos de vez em quando, antes das visitas, e às vezes nos davam um espelho... era assustador me olhar.

MR: Ficamos anos sem nos ver; não só entre nós, mas a nossa própria cara em um espelho.

FH: Na estadia de Rocha, tivemos um espelho pela última vez. A próxima seria em Minas, em 1977.

MR: Então eu não me reconheci, acreditava que estava barbeando outra pessoa.

FH: Foi em Rocha que tivemos problema em nos comunicar, porque ficava um calabouço vazio entre nós.

MR: Durante a noite, os guardas davam asas às conversas, o que nos permitia escutar alguma coisa, principalmente informações sobre as atividades do quartel, que eram cômicas. Contamos?

FH: Contamos.

Onde os civis são pichis

FH: Todos os que estiveram nos presídios militares do Uruguai sabem que qualquer preso, para o soldado, é o imundo, o pichi.

MR: Tinha outra palavra que também era usada, mas em segundo lugar: tísico; mas pichi era a mais usada. Pichi é sinônimo de pobre, de imundo, de morto de fome... em uma palavra: civil.

FH: Pichicome ou bichicome é, no jargão de qualquer habitante do Uruguai, sinônimo de pária, de marginal, de mendigo. Mas eu constatei, escutando as conversas dos soldados, que a palavra para eles tinha uma acepção diferente. Não significava isso apenas, mas também, para minha surpresa (porque eu acreditava que esse insulto era destinado somente a nós, os tupamaros presos), a palavra era sinônimo de "civil".

MR: Era isso. Como em "A Matriz", de Lawrence, cujos relatos breves são escritos quando um coronel se alista em um quartel como soldado raso; a diferenciação que é feita quando os recrutas se integram ao quartel, quando se uniformizam, criando uma barreira. Então, passam a detectar uma raça distinta do outro lado: os civis. Essa divisão é universal. E aqui é frequente utilizarem indistintamente as duas acepções: civil, em tom depreciativo, sendo também sinônimo de pichi.

FH: No nosso país, o serviço militar não é obrigatório. Nosso Exército é tecnicamente um Exército mercenário; os soldados entram voluntariamente para servir, assinando um contrato de dois anos. Todos são profissionais. Isso faz com que se tenha uma noção ou uma ideia muito acentuada de corpo, de casta, de coisa diferente dos civis. Além disso, há uma linhagem militar de soldados, porque geralmente são filhos, sobrinhos, cunhados, parentes de soldados, e, às vezes, netos.

MR: Famílias inteiras.

FH: Muitos "herdam" a profissão de oficiais, de praças...

MR: De forma que vai se formando uma mentalidade distorcida. Uma lei moral, essencial até para os marginalizados, como o "não delatarás", é revertida no âmbito militar. Dentro do quartel, a lei é que se alguém comete uma infração, aquele que fica sabendo tem que denunciar imediatamente. Se não o fizer, será severamente castigado. A lei imoral do alcaguete é uma virtude. Escutava os milicos dizendo várias vezes que não existiam amigos dentro do quartel. Outra coisa que é absolutamente irracional, mas forma uma mentalidade especial, é a "lei" de que o "superior sempre tem razão". O superior nunca erra, ainda que ele ordene uma grande presepada, o que, como se sabe, é bastante comum. E isso eu digo sem depreciação: no Exército é necessário que haja ordens absurdas para que a disciplina seja cultivada "cientificamente".

FH: Tem outra frase que é usada permanentemente não só pelos soldados, mas também pelos oficiais, que diz que o militar que pensa, faz merda. Não tem que pensar. Isso também é tecnicamente necessário para eles.

MR: A falta de criatividade, a falta de iniciativa e de flexibilidade que os soldados e oficiais têm é pré-determinada, porque quando saem da Escola Militar e do quartel, saem com antolhos. Não podem sair da rígida e pré-estabelecida linha. Tomar iniciativa é uma aventura de civil, de pichi.

FH: A palavra pichi também tem uma acepção diferente da que acreditávamos ser usada apenas para designar a nós, os presos. Em Rocha, descobrimos que a usavam também para qualificar o presidente da República; qualquer civil que por algum motivo visitasse o quartel, ministros ou homens como Bordaberry e Aparicio Méndez eram para os soldados o pichi. E se tinham algum problema no bar, na rua ou em um prostíbulo, diziam: "discutimos com uns *pichis*".

MR: Ou, na mesma conotação, "com os civis". Não queriam dizer somente homens marginalizados, pobres (porque as pessoas as quais se referiam podiam ser muito ricas); para os soldados, os pichis são o conjunto de civis que habitam a República Oriental do Uruguai. Paradoxo psicológico: muitas vezes usamos como insulto a palavra que mais tememos.

Outra palavra que para eles têm um significado diferente à normalmente utilizada é "comunista".

FH: Um dia, quando os soldados estavam para sair de folga do quartel, que estava localizado em uma importante via, um carro luxuoso passou em alta velocidade pela porta e quase atropelou um soldado que estava em uma bicicleta. Então, todos os demais, que também estavam saindo, gritaram: comunista! Ou seja, a palavra está privada de seu conteúdo ideológico e social e se torna um adjetivo para insultar, para descrever o pior. Quando eles querem se referir a um comandante de quem têm raiva, porque os obriga a fazer muitos exercícios ou aplica muitas punições, dizem "este comunista".

MR: Quando conversam entre si sobre problemas sociais como o latifúndio (quase todos são oriundos do interior e alguma vez na vida foram peões), sabem bem como é nefasto e injusto, mas acreditam que essa ideia é de "esquerda", então é sinônimo de "comunista" na mentalidade deles.

FH: Pensam que é só uma ideia justa e nada mais.

MR: Aí levantamos uma questão que é muito interessante. Quando dizemos que a maioria dos soldados são recrutados do latifúndio, precisamos acrescentar que eles também são os que ingressam nos quartéis de Montevidéu. Há uma característica muito interessante. É muito difícil que uma pessoa de Montevidéu — onde a consciência e a luta de classe estão desenvolvidas — ingresse na carreira militar. Numa barbearia de Cerro tinha um cartaz que dizia: "não cortamos cabelo de militar e de fura-greve". Quase todos são provenientes do interior, ou seja, o latifúndio os marginaliza socialmente, influenciando suas consciências. O quartel acaba sendo a única indústria que os absorve, e seu mecanismo destrói o instinto de solidariedade social, inclusive entre eles.

FH: É a única fonte de trabalho para muitas pessoas do interior.

MR: Só em Paso de los Toros havia quatro quartéis. Dez mil habitantes que viviam dos quartéis.

FH: Quatro quartéis, mais a polícia, mais os militares da reserva, em uma população de 10 mil pessoas, o que faz com que esta seja uma cidade praticamente militar.

A pilhagem contra os Charruas e a informação aos mortos

FH: No quartel de Rocha, o chefe não era apenas um contrabandista, mas também um grande admirador da cultura: era um antropólogo. Na Fortaleza de Santa Teresa havia um museu do índio; uma parte deste museu estava na unidade, pertinho dos nossos calabouços, a ponto de às vezes escutarmos quando os alunos das escolas vinham visitá-lo. O chefe havia vendido mais da metade do museu aos norte-americanos que vieram "de turistas", segundo o que diziam os soldados, que se deram conta do ocorrido somente quando os caminhões começaram a carregar as peças...

MR: Tiveram que fazer uma operação bélica e o chefe pediu que fossem tomadas diversas precauções na ocasião. Nem os charruas foram salvos do roubo.

FH: Nessa época, o Forte de São Miguel estava passando por reformas. Esse mesmo comandante parece que era também dado à arquitetura. Teve também uma grande quantidade de materiais destinados aos reparos que foram desviados para fins particulares.

MR: Num dia desses, um juiz militar veio interrogar o Mujica. E então Pepe, quando perguntado se tinha algo mais a acrescentar, disse: “Sim, quero formalizar uma denúncia por furto e contrabando”.

FH: E formalizou uma denúncia contra o chefe da unidade militar na qual estávamos, que, por descuido, foi aceita pelo juiz militar. Pouco depois, os oficiais vieram perguntar a Pepe, aos gritos, duas coisas: a primeira, como tinha se atrevido a fazer uma denúncia a um juiz militar contra ninguém mais, ninguém menos, que o chefe da unidade? E, a segunda, como ele ficou sabendo? Porque, devido ao nosso conhecido isolamento comunicacional, e sabendo que Pepe tinha dito a verdade, pior do que a denúncia, seria...

MR: ...o vazamento dela; como ele sabia daquilo? Eles achavam que não tinha jeito de o Pepe saber. Fomos interrogados sobre isso várias vezes em Rocha, e em Minas no ano de 1975; suspeitavam que um oficial, um capitão, tivesse nos dado a informação. Nós não dissemos como ficamos sabendo.

FH: Um dia, um cabo e três soldados bastante novos começaram a nos bater. Num determinado momento, Pepe falou: “Escuta, Sapito, por que não para de embromar? Percebe que se você continuar me batendo, eu não vou ter outra saída a não ser chamar o oficial (e não quero fazer isso, porque não sou puxa saco, não sou delator, não sou alcaguete) e contar tudo o que você fez de um lado, de outro, e de outro. Para quê? Fique calmo, Sapito, fique calmo".

MR: Um grande silêncio tomou conta do lugar e era possível ver a tensão do cabo e dos três soldados. Não se ouvia nem o ronco da bomba ao sorver o último gole de mate, como se tivessem colocado um silenciador nela. Ficaram em silêncio uns 15 minutos, e quando começaram a falar, cochicharam. Mas nós já tínhamos desenvolvido uma audição extremamente aguçada, de tuberculoso.

FH: Começaram a falar com uma voz muito baixa, e me lembro da primeira pergunta que uma das vozes fez às demais: "Como ele sabe disso tudo?". Um deles perguntou ao Pepe: "Como você sabe que eu sou o Sapito?". Então Pepe contou ao Sapito a vida e as façanhas do Sapito, que nunca mais nos incomodou.

MR: Esse assunto tem a ver com a psicologia que começava a ser desenvolvida nos carcereiros diante da situação que estávamos passando. Me fez pensar na situação dos negros escravos durante a Colônia, que eram considerados animais por seus amos. Então tudo era falado na frente deles, com a certeza de que não podiam ouvir mais que um cachorro.

FH: Sim, para eles nós éramos menos que um cachorro: éramos "coisas" que estavam ali, guardadas nos calabouços.

MR: E ninguém apostava nem um centavo que fôssemos sair algum dia.

FH: Isso dava a eles liberdade para agirem com a certeza da impunidade.

MR: Chegou ao extremo de os oficiais, por mais de uma vez, revelarem informações sobre...

FH: ...tortura, por exemplo.

MR: Se lembra que lá mesmo, não dessa vez, mas da segunda, vieram nos contar cheios de orgulho e cinismo como tinha acontecido a operação em Buenos Aires para executar Zelmar Michelini, o Toba, Rosario e Whitelaw, como mataram os companheiros, que tipo de tortura nova haviam descoberto...

FH: Sim, os soldados, os praças e os oficiais falavam com total tranquilidade, cinismo e desembaraço, e até mesmo satisfação, contando as experiências que tinham tido na tortura, apreciando os relatos e, uma vez mais, contando sobre o prazer e a satisfação que sentiram ao fazer determinadas coisas.

MR: Eles se sentiam donos da impunidade eterna.

FH: Para fazer e falar.

MR: E a tinham.

FH: Mas não a eterna.

MR: É que "não há bem que sempre dure, nem mal que nunca acabe". Naqueles dias, duas comitivas militares estrangeiras vieram para visitar o quartel. Uma, de oficiais argentinos, que foram levados rapidamente aos nossos calabouços para que pudessem nos exibir. O comentário que fizeram ao oficial uruguaio foi: "Vocês estão se divertindo! Lá nós os matamos, e vocês os têm vivos... É um disparate! Que atraso!".

A outra, foi uma comitiva militar norte-americana, se lembra? Nos enclausuraram hermeticamente, e até uma porta que não fechava direito, que dava acesso ao corredor, foi travada com um cabo de vassoura.

FH: Isso nos chamou a atenção: se eles exibiam a nós, os presos, os reféns, com total cinismo e despreocupação a militares de outras nacionalidades, por que nos esconderam dos militares norte-americanos? Tomaram todas as precauções para que, por acidente, eles não abrissem aquela porta ou perguntassem o que tinha ali. Fecharam bem fechado, fundiram a porta ao batente.

MR: Recebemos ordens para que ficássemos em absoluto silêncio enquanto durasse a visita.

Construíram um esconderijo de emergência para ocultar três sequestros e suas custódias enquanto durava a visita que, evidentemente, para eles era investigativa. Me lembro do comentário que fizemos: "Querem segurar o Pentágono com um cabo de vassoura".

FH: Isso me faz lembrar que conhecemos a forma como pensavam os soldados quando se tratava das coisas que faziam: faziam cumprindo ordens. Isso deu espaço para que a impunidade fosse justificada com sérias considerações jurídicas. De acordo com elas, um militar não poderia ser punido se estivesse cumprindo ordens. No entanto, esses soldados, que não dominavam outras categorias intelectuais como as ideológicas, por exemplo, no que se refere ao conteúdo da palavra "comunista", sabiam muito bem, porque lhes era conveniente, se servir da ideia de que tudo o que faziam era cumprindo ordens, e, portanto, não tinham absolutamente nenhuma responsabilidade sobre aquilo. Diziam: "Bem, estou cumprindo ordens, que azar".

Existe uma grande injustiça quando se fala em "cumprimento de ordens". Quando leis vigentes e diretos humanos são violados, quando a moral é violada, o militar, independentemente de seu grau, não deveria apenas estar isento de obedecer, como também deveria ser estabelecida sua corresponsabilidade no caso em questão.

MR: Em Laguna del Sauce, em 1980, os soldados vinham com um livrinho para a guarda: era o regulamento do tratamento a presos da Convenção de Genebra. Era uma tropa que estava se preparando para integrar a força internacional no Sinai. Então, eram ensinados que os artigos que recomendavam que o preso fosse tratado como ser humano eram válidos para a região do Sinai. Isso não se aplicava aos de casa.

FH: Se lembraram de ensinar isso para não passar vergonha no Sinai, onde teriam que conviver com militares de outras nacionalidades. Então, tinham que desenvolver, com certa urgência, algumas categorias da educação.

Lembro-me de você, Pepe e eu batendo desesperadamente na porta pedindo que um médico viesse porque estávamos muito doentes, e os milicos respondendo: "Podem arrebentar a porta! Só estamos cumprindo ordens".

MR: Diziam isso de forma irônica. Eles adoravam estar apenas cumprindo ordens, estar nessa situação de impunidade.

FH: Impunidade no sentido de que nós não podíamos fazer nada contra eles, mas eles podiam fazer qualquer coisa conosco, porque estavam cumprindo ordens; então, jamais haveria qualquer problema. Também diziam isso todos os superiores, de todas as escalas, desde o capitão até o comandante. Uma delicadeza para cometer as piores crueldades.

MR: Mas o comandante do Exército tinha falado sobre a origem da lei da impunidade para os militares: os oficiais que tinham cometido ações ordenadas, inclusive violência sexual, não podiam ser processados, nem citados nem julgados, de forma alguma, como disse o ministro do Interior, que, por sua vez, era um pichi, um civil.

Aqui também lutamos

FH: Antes de seguirmos adiante, seria interessante que você contasse sobre sua ida ao Hospital Militar.

MR: A sala 8 do Hospital Militar, destinada a presos, era a antessala do necrotério. Lá, os torturados iam se recuperar para voltarem a ser torturados, como foi meu caso em maio de 1972. Nas duas vezes que estive ali, vi a morte de vários companheiros. Aquilo era um matadouro. Mas antes de entrar no assunto, vejamos os antecedentes que culminaram com a segunda internação em abril de 1974.

Em Melo tínhamos estudado a utilização de uma técnica de resistência, que na gíria carcerária se chama "queda". "Queda" é a simulação de uma doença que permite ao preso um período de alívio, porque ou o internam na enfermaria ou o levam ao hospital.

FH: O que permite também a possibilidade de fazer contatos, que no nosso caso era um dos objetivos.

MR: Claro, e a outra possibilidade era considerar uma fuga. Pepe já tinha tentado em 1970, e quando já estava tudo pronto, ele foi transferido.

FH: Permite também questionar de alguma forma as agressões sofridas.

MR: E tornar a nossa situação pública. A minha era uma "queda" muito particular, que tem ilustríssimos antecedentes históricos. É uma invenção com raízes bíblicas: Davi quando foge da ira de Saul e se refugia entre os filisteus...

FH: ...estando preso inventa uma técnica...

MR: ...baba, se faz de doido, fala um monte de besteira. A simulação é inofensiva e salva a vida.

FH: Também tem uma coisa que é importante dizer com relação às "quedas". Geralmente são feitas com base em doenças reais; são e não são mentira; são e não são simulação.

MR: É comum duvidar dos limites. Desenvolvia-se, de alguma forma, a técnica mais associada à doença real que se tinha.

FH: Quem sente um leve mal-estar estomacal simula que é grave. Mas quando a prisão se prolonga por muito tempo, como no nosso caso, acontece que o mal-estar leve se torna realmente grave. Quer dizer que o que antes havia sido um fingimento, virava realidade. No meu caso, simulei uma úlcera. Hoje tenho gastrite crônica e uma hérnia de hiato.

MR: Qualquer doença era justificável. Os médicos, ainda que pudessem duvidar do grau de veracidade dos transtornos — eu simulei basicamente transtornos de caráter psíquicos —, ficavam sempre tendenciosos a acreditar que podiam ser reais, porque estando como estávamos, o anormal era a normalidade.

Planejamos tudo isso porque não podíamos os dois simular a mesma "queda". Se eu fazia a psíquica, você não podia fazê-la, então escolhia a da úlcera. Com uma latinha, você abriu um talho no polegar e quando chegava a comida, depois de comer, abria a ferida, chupava o sangue e depois, com toda a dor da alma ou da fome, vomitava sobre a lata, de modo que o enfermeiro tivesse indícios suficientes de úlcera. Isso não lhe possibilitou grandes coisas, mas ao menos um pouco de leite e a certeza dignificante de que estávamos lutando.

FH: Sim, o mais incrível foi isso. Eles tinham certeza de que eu tinha uma úlcera, mas não me mandaram ao hospital. Se eu realmente tivesse tido, ela podia ter perfurado.

MR: Mas serviu para algo que tinha um significado formidável: lhe davam diariamente um litro de leite, ainda que fosse azedo e sujo.

FH: O que eu queria dizer, antes de passar ao episódio do traslado propriamente dito e seus antecedentes, é que os carcereiros sabiam que os presos eram grandes simuladores, mas também qualquer psiquiatra sabe que muitas doenças começam pela simulação da doença.

MR: Quando alguém ameaça cometer suicídio, pode ser um potencial suicida.

FH: Ao ponto de que quando estávamos na "ilha" da Penitenciária de Libertad, no ano de 1984, trouxeram um companheiro que estava simulando. Como eu estava perto do lugar onde eram dadas as ordens, escutei claramente darem essa: "esse preso não está cumprindo nenhuma sanção, veio para cá sob guarda. Tratem-no bem, ele está se fazendo de doido, mas não sabe que está doido".

MR: E a essa altura, qualquer um de nós, sem chegar ao nocaute, já andava meio grogue. Eu tinha uma doença renal, o ácido úrico se acumulava nas minhas articulações. Com a umidade e o frio, sentia intensas dores nos quadris, que era o que entrava em contato direto com o piso de concreto, além dos banhos frios, a umidade dos calabouços... Havia uma manifestação orgânica da doença. Então eu tinha que demonstrar, a partir dessa doença verdadeira, que sua expressão orgânica era de origem psíquica. Tive incontinência urinária, ou seja, perdi o controle dos esfíncteres. Expliquei que passava por momentos de ausências, onde meu pensamento ficava nebuloso e confuso, e assim que eu voltava a mim, não sabia quanto tempo havia passado. Tinha a sensação de que outro ser habitava o meu corpo nesses momentos e controlava meu organismo, especialmente os esfíncteres, e eu fazia xixi na cama. Aquilo era um "pipi-room". Sobre essa base e a narração de alguns sintomas que eu tinha lido nos livros, criei o clima necessário. Para isso, contribuía também outro argumento: ainda que o médico e o comandante concordassem e fossem coniventes com o tipo de reclusão a qual estávamos submetidos, não queriam que os problemas acontecessem sob suas jurisdições.

FH: Desejavam que ficássemos doentes, que ficássemos loucos e nos matássemos, mas não em sua "casa".

MR: Quando fizemos esse plano, nos comunicamos através da parede e combinamos que, a partir daquele momento, teríamos um cartaz imaginário dentro do calabouço, escrito "aqui também se luta".

FH: O fato deles levarem a situação física e psíquica até determinados extremos e depois pararem tinha também outra explicação: os reféns só servem enquanto ainda estão vivos. O que eles queriam era nos fazer sofrer, e uma pessoa só sofre se estiver viva, lúcida e em condições físicas mais ou menos adequadas. É necessário haver vida para que haja sofrimento.

MR: Em Rocha, ficamos incomunicáveis durante alguns dias. Mas como já tínhamos elaborado o plano em Melo, quando fui internado, achei uma forma de deixar-lhe uma mensagem.

FH: Se o levam, como eu sei que é pela "queda"? Era provável que nos levassem ao hospital a qualquer momento por causa de uma doença de verdade ou provocada pelas. Então, combinamos que se a transferência fosse por causa de uma "queda", e já prevendo que não teríamos material para escrever...

MR: ...deixaríamos uma letra "Q" pintada com fezes no vaso sanitário que usávamos.

FH: Único material pictórico que tínhamos à mão e que não podiam nos tirar.

MR: E foi assim que um dia deixei estampado, com essa massinha parda, o sinal convertido em uma confortante letra "Q".

FH: Que me encheu de entusiasmo e esperança, porque era um plano que estava caminhando. Tinha certeza de que você poderia fazer contato com outros companheiros no Hospital Militar, contar a eles o que estava acontecendo conosco e deixá-los a par de alguma coisa. Nós chegamos a Rocha em 16 de março e devem ter lhe transferido ao hospital um tempo depois. Sabe por quê? Porque no dia 2 de abril você já não estava mais, tinha ido uns dois ou três dias antes; não me esquecerei, porque esse dia virou um inferno em Rocha, mais do que já era. Estavam acontecendo algumas coisas, não sei o que eram.

Umas 8 da noite, no dia 2 de abril, abriram o meu calabouço e o do Pepe e nos disseram: “Um soldado morreu e agora vocês irão pagar por isso”. Pagamos durante semanas...

MR: Acho que sei o que aconteceu, fiquei sabendo no hospital. Vou contar.

Hospital Militar, sala 8

I

MR: Rumo ao hospital, fizemos uma pausa no Batalhão Florida. Nesse momento, fiquei receoso de que simplesmente me deixassem ali. Comecei a registrar informações. Ouvi comentários de que lá havia uma quantidade tão grande de presos que tiveram que levantar uma enorme tenda no meio da praça de armas; os pavilhões estavam lotados. Por fim, se dissipou minha incerteza e partimos para o Hospital Militar. Então, ainda de capuz, me inundou uma sensação de recuperação de família e bairro quando ouvi o grito dos "canas" na rua, o ruído do tráfego, e a sensação de vida esquecida.

FH: A "música" de Montevidéu...

MR: Estávamos nas proximidades do meu antigo bairro, a oito ou nove quadras da casa dos meus velhos, perto de um terreno baldio, onde eu jogava futebol; aquilo me deu uma sensação de alegria e familiaridade formidáveis. Quando me deixaram no hospital, me colocaram na sala 8, que eu já conhecia, pois como consequência das torturas tiveram que me colocar em uma maca...

FH: Em qual ano?

MR: Pouco antes de cair. Caí em maio de 1972, e em junho, depois de passar por vários interrogatórios em unidades desconhecidas que tinham em comum a mesma tensão, fui a essa mesma sala 8, onde, depois de recuperar a consciência, fiquei mais alguns dias numa cadeira de rodas, mais confortável. A dupla fileira de camas estava repleta de colegas, quase todos haviam sido torturados. Me puseram em uma cama, entre os lençóis. Dormi entre lençóis! Porque nos esquecemos de contar que dormíamos apenas vestidos com calças e blusas. O contato com os lençóis havia desaparecido de minha memória. Um especialista em questões renais entrou para me ver, fez um exame que não conseguiu concluir porque, no meio do procedimento, deixaram-no sem paciente. Enquanto me examinavam, o psiquiatra, que era claramente um dirigente da Juventude Uruguaia de Pé, ficou me olhando.

FH: Uma organização fascista.

MR: Curioso; essa organização era nessa época de "esquerda", se comparada com as forças que estavam se consolidando no poder.

FH: Então me levaram a uma sala enorme, onde o silêncio era a ordem absoluta; os presos não podiam falar entre si. Devia haver cerca de 40 camas. Uma divisória feita de lençóis separava o setor feminino do masculino, com um banheiro coletivo. Lá eu vi o "Muñeco" Selves, um companheiro que tinha caído um ano antes. Soubemos de sua prisão quando estávamos na Penitenciária de Libertad; ainda o estavam torturando.

FH: O que ele tinha?

MR: Uma infecção renal muito grave provocada pelas pancadas. Tinha febre todos os dias. Soube que o mantiveram durante meses nu em um calabouço, jogavam-lhe água constantemente. Havia caído junto com dois colegas que, como soubemos depois, foram torturados até a morte. A sala 8 era vigiada pela tropa de Engenheiros 1, unidade de onde veio e para onde retornaria Selves.

No setor das mulheres, estava uma velha companheira: María Helena Curbelo. Tinha uma doença muito grave que estava deixando-a paralítica: espinha bífida. Mal havia sido tratada e foi pega pelos oficiais; eles tinham conhecimento de sua doença, sabiam que ela tinha um tumor no local, e quando lhe davam choques, faziam-no com a pontaria e destreza suficientes para acertar bem ali... Também faziam isso nas cáries dentárias. Ela precisava usar um andador para caminhar; estava praticamente paralítica. Mas nunca perdeu o sorriso; era terno e vibrante. Um dia, internaram uma colega que tinha se cortado com uma garrafa: quebrou-a e cravou no pescoço.

FH: Como forma de fugir da tortura...

MR: Vinha com a Artilharia 1 de La Paloma, onde o 2º chefe era o major Gavazzo. O irmão dessa companheira foi morto a tiros depois de um confronto que também vitimou um soldado. Me pergunto se não terá sido este fato que deu origem às covardes represálias em Rocha. Ela havia sido internada moribunda. À meia noite, ainda com o aparelho de traqueostomia colocado no pescoço, ordenaram que ela fosse levada, na maca, à Artilharia, para que continuassem com o interrogatório. Essa companheira, quando passou em frente à minha cama, apesar de seu estado — era uma mulher muito magra, muito pequena —, levantou seu braço com muita dignidade e fechou o punho, como se dissesse: "Força companheiro". Ela, que vinha da tortura e à tortura voltava, com uma traqueostomia no pescoço rasgado...

FH: Eu inaugurei essa sala; me buscaram no dia 14 de abril; dia 16 seria declarado o "estado de guerra interno" e começaria esse dantesco processo que você está relatando. Caí ferido. Me deram vários tiros no momento da captura. Foi necessário fazer uma intervenção cirúrgica. Minha vida foi salva milagrosamente por uma série de acasos. Digo "foi salva" porque presenciei, estando ferido, como mataram no chão, em 14 de abril de 1972, o companheiro Martirena e sua esposa. Depois de dispararem vários tiros em Martirena, perguntaram como se chamava (estava caído, agonizando), somente para saber se ele estava vivo; respondia com uma espécie de gemido, que eu, de onde estava, não podia ouvir. Então eles diziam-lhe, de pé ao redor de sua poça de sangue: "Ainda não está satisfeito?". E voltavam a disparar.

MR: Lembro-me muito bem desse dia, pois estava na expectativa junto com os outros companheiros, e eu liguei para a casa de Martirena. Uma voz que não era da casa me atendeu. Depois os noticiários começaram a dar o nome dos que tinham caído. O seu não aparecia. Eu sabia da existência desse esconderijo, e sabia também que você e Cámpora poderiam estar lá.

Então, organizamos um grupo de resgate para quando as tropas se retirassem e restasse apenas um guarda no local. Mas depois de um tempo, ficamos sabendo pela rádio que o esconderijo havia sido encontrado e que tinham capturado você e Cámpora, com um tiro no pescoço e outro no pé.

FH: Eu estava sangrando no esconderijo quando ouvi estas coisas. Aconteceu o seguinte: a polícia técnica e os militares que participaram da morte de Martirena e sua esposa encontraram o esconderijo, mas, por uma razão que eu não sabia qual era, não o abriram. Estávamos em dúvida se o tinham descoberto ou não. Então, um soldado do Exército, que decidiu usar o banheiro (a porta do esconderijo estava lá), viu os movimentos estranhos da polícia e comunicou seu chefe. Ele disse: "Com licença, capitão, tem algo estranho no banheiro da casa, aparentemente, encontraram a entrada de um esconderijo". O soldado não se deu conta de que, juntamente com o capitão havia duas pessoas conversando: uma delas era o juiz; a outra, o médico legista.

Tinham descoberto a entrada e estavam esperando que o juiz e o médico fossem embora. A "imprudência" desse soldado salvou nossas vidas. Então, foram ao banheiro o médico e o juiz, junto ao comissário Campos Hermida. Isso permitiu que eu saísse com vida e fosse retirado daquela casa, mas passando por cima da poça de sangue de Martirena. Não consigo me esquecer.

MR: Me lembro de uma coisa que certamente fará com que você desenvolva mais. Foi como encontraram o esconderijo. A tampa estava no teto do banheiro e levava a um pequeno espaço entre as telhas. Por causa da pressa, quando vocês fecharam a tampa, uma linha ficou pendurada. Alguém a viu e não era possível explicar o que poderia ser...

FH: Essa operação foi para nos matar, não para nos capturar. Eles chegaram disparando com fuzis e metralhadoras antes mesmo de entrarem na casa. Nós estávamos dentro do esconderijo, trabalhando, quando começou o tiroteio. A única coisa que tivemos que fazer foi fechar a tampa. Tínhamos um transmissor que captava as comunicações da polícia e ouvimos quando eles vieram. Fechamos a tampa e, no mesmo momento, os tiros me acertaram. Por quê? Porque o esconderijo estava construído sobre o teto da casa. Eles atiravam da rua, e as balas que entravam pela janela perfuravam o teto. Foi um milagre não termos recebido mais disparos, porque todo o piso sobre o qual estávamos ficou feito uma peneira. Das balas que entraram, três me atingiram. Fiquei esperando a morte (meu sangue escorria pelo pescoço) e ouvindo, ao mesmo tempo, o que você estava narrando sobre Martirena. Tudo em breves segundos.

Por conta desses acontecimentos, fui transferido em uma ambulância, acompanhado do médico legista. Esse homem discordava dos nossos ideais, mas, ao me deixar na "emergência", disse: "Quero um certificado de que entreguei ele vivo". Acho que lhe deram um. Imediatamente me deixaram na sala de operações e, em seguida, fui para a sala nº 8 que você está descrevendo. Éramos poucos; aquilo estava apenas começando. Estávamos eu e mais dois ou três colegas que vinham da tortura da sede da Polícia. Havia também uma outra pessoa. Um dia, trouxeram da sala de operações um menino de uns 17 anos, muito robusto, ensanguentado. Tinha vários tiros no corpo, estava muito sujo de sangue. Algumas freiras o lavaram. Logo soube de toda a história. Esse homem, que não tinha a ver com o MLN, nem com nada, estava domando um cavalo de corrida na área do hipódromo de Maroñas. Deram um comando em voz alta e, como ele não escutou, continuou trabalhando; começaram a atirar nele e no cavalo. Quando o encontraram e o levaram ao hospital, se deram conta de que ele não tinha nada a ver; então, na minha frente, vi e ouvi os oficiais do Exército dizerem que cuidariam dele, até que ficasse saudável, e que lhe dariam dinheiro para que pudesse recomeçar, mas que não poderia contar a ninguém o que tinha acontecido.

No outro dia, chegaram os dois sobreviventes do massacre que fizeram na Seccional 20 do Partido Comunista. Penso que eu e outro companheiro somos as únicas testemunhas de como Zerbino morreu. Estava em uma cama, cheio de tubos e com um aparelho muito barulhento que o ajudava a respirar. O ruído de sua respiração vai nos acompanhar dia e noite. Às vezes, dramaticamente instável. Presenciei, com muita raiva, como um enfermeiro militar zombou dos que estavam morrendo ali.

MR: Isso me traz à memória um dos quadros que vi na sala 8. Um dia, levaram um velho companheiro que eu conhecia, um operário. Estava em um esconderijo quando foi capturado. Houve um tiroteio e em determinado momento acabaram as balas de nossos colegas, que se renderam, e, em sua agonia brutal, presenciada por mim, contava, no meio de uma exaltação delirante, que o haviam metralhado quando já tinham atado suas mãos. Tinha os intestinos perfurados pelo tiroteio. Era o Sanzó. O tinham atendido em péssimas condições e quando viram que agonizava, só então, o levaram ao Hospital Militar. A sede o atormentava, não podia se deitar, ele seria atendido de emergência. Estava pálido e pedia insistentemente por água. Às vezes, aproximavam um pano molhado de seus lábios. Assim o levaram. Assim morreu.

Hospital Militar, sala 8

II

FH: Me tiraram do hospital com destino ao interrogatório da Delegacia de Polícia muito antes que estivesse de alta; a ferida do meu pé apodreceu. Eu tinha uma bala alojada, se lembra?

MR: Aquela que acertou seu pé e acabou entre o dedinho e o outro. O capitão do Batalhão Florida, que comandou o apoio operacional no qual mataram Martirena e sua esposa, quando esteve na enfermaria da unidade, tirou-lhe a bala sem anestesia e ficou com ela. "Souvenir"

FH: Campos Hermida comandou a operação em si.

MR: Já existia o Estado Maior Conjunto, e o Batalhão Florida se posicionou nas proximidades disparando com armas longas contra a casa. Os tiros que acertaram você não foram os da polícia, calculo eu, mas da tropa do Batalhão Florida. O capitão não fez mais do que recuperar um chumbo.

FH: Provavelmente ainda o tenha.

MR: Em alguma prateleira, talvez. Esse capitão acompanhava o comandante da unidade, quando contou aos presos que Henrique, de mão atadas e encapuzado, enquanto era conduzido à tortura pelo grupo da inteligência, "fugiu da custódia de seus guardas" e se jogou do último piso. O médico militar declarou "morte por infarto".

FH: Meses depois fui alojado em um calabouço do 4º Batalhão da Cavalaria. Eram 7 ou 8 muito pequenos e escuros; como não nos deixavam sair para urinar, pois o banheiro ficava longe, havia uma garrafa vazia em cada calabouço que servia para isso. Uma noite em que estavam torturando outros colegas, ouvimos, em meio ao silêncio, o barulho de uma garrafa quebrando. Violentamente. E como que por intuição, todos os outros presos começaram a gritar, chamando a guarda e anunciando que um preso tinha se suicidado. Sei que eles não entenderam ou não prestaram atenção no que estávamos gritando, mas abriram imediatamente a porta. Me lembro da frase de um soldado: "Nossa... Se matou". O companheiro Velázquez...

MR: Sim... o Velázquez.

FH: Havia quebrado a garrafa e a tinha cravado no pescoço; no calabouço ao lado havia um médico preso. Rômulo começou a bater e a gritar: "Eu sou médico". Então a guarda escutou. Rômulo saiu e levantou o corpo daquele companheiro, levaram-no apressadamente. Ao passar em frente à porta da minha cela, o barulho do sangue era igual ao de uma torneira quando jorra água no chão.

MR: Algo semelhante aconteceu quando, já como refém, Wasem cortou suas veias nas catacumbas de Paso de los Toros. Quem percebeu foi o Engler, estudante quase formado de medicina. Gavazzo se abaixa para ver o que estava acontecendo e diz-lhe: "Olhe o que seu amigo fez". Engler pede: "Deixe-me sair que eu paro o sangramento". Então, abriram o alçapão que tínhamos em Paso de los Toros, Engler lhe fez um torniquete e Wasem murmurou: "O que você está fazendo, deixe, deixe, não me ajude, não percebe que começaram outra vez".

Em setembro de 1972 pude conversar com Velázquez na prisão de Punta de Rieles. Tinha uma grande cicatriz no pescoço. Então, me contou o que o havia levado a tentar o suicídio: tinham dito que trariam seus filhos para as sessões de tortura e, em determinado momento, ele ouviu as vozes de seus filhos e não sabia se haviam gravado ou se era alguma alucinação que lhe fazia pensar que seus filhos estavam presentes no interrogatório. Não seria estranho, porque conhecemos muitos casos de companheiros que estavam sendo torturados na presença de seus cônjuges ou de seus filhos.

FH: Isso aconteceu comigo, nesse mesmo Batalhão, nesses calabouços, no ano de 1972, e tem a ver com o que falamos das premonições. Um dia, eu ouvi que eles estavam trazendo novos detidos, recém-capturados. E eu tive a intuição e a forte suspeita de que eles traziam minha companheira grávida. Eu tinha um pequeno buraco na porta pelo qual só se podia ver um pouco durante o dia. Então eu comecei a olhar; via apenas até a cintura das pessoas. Vou vendo os pés de um homem que vai entrando encapuzado, aos empurrões, sendo ameaçado, e, de repente, os pés inconfundíveis e a barriga de minha companheira, que já estava muito grande. Ou seja, tive a clara sensação de que a traziam para os mesmos calabouços em que eu estava recém-capturado, para torturá-la diante de mim. Mas essa é outra história.

MR: É incrível como vão...

FH: ...se associando as ideias, não?

MR: Quando citaram Petisa, me lembro da última vez que a vi, antes de cair. Estávamos reunidos com o executivo, com Sendic, Marenales e Engler, e eu saí para fazer uma ligação. Gabrielita já estava muito desenvolvida na barriga. Enquanto ela me dava a informação, eu brincando disse: "Venha, vamos passear, assim disfarçamos".

FH: Voltemos ao hospital, Russo.

MR: Lá eu descobri que estava, não há muito tempo, Rolando, um companheiro nosso, o maior da Aviação, a quem maltrataram bastante. Entre outras torturas, o colocavam em uma banheira cheia de água e ali davam-lhe choques elétricos. Além disso, atormentaram sua família, que vivia na rua Suárez, 6º ou 7º andar, e ligavam para seus pais insultando-os e dizendo o que estava acontecendo com seu filho, o que provocou um estado de desespero por parte de sua mãe, que se jogou do 7º andar.

Dia 1º de Maio as manifestações eram proibidas, mas houve concentrações na seccional 11 da área têxtil, Ildu, Sadil, etc., e no Morro, que foram fortemente reprimidas. Então, começaram a chegar os feridos, entre eles um homem muito corpulento; trouxeram-no desmaiado, com uma ferida de 7 ou 8 centímetros na cabeça. Deitaram-no sobre uma cama, algemado, e o oficial quc o havia internado recusava-se terminantemente a tirar as algemas. Estava em estado de coma. Depois o levaram à sala de operações. Nunca mais soube o que aconteceu com ele.

Pouco depois realizaram uma operação militar, onde haviam matado a tiros três companheiras, todas jovens. Antes de serem internadas, as que ainda tinham batimentos cardíacos morreram e foram deixadas no necrotério. Eu lembro do desespero de alguns companheiros internados, pois tinham esposas que estavam do lado de fora e desejavam ansiosamente saber seus nomes, para ter certeza de que nenhuma delas havia caído.

Uma das informações que chegava naquele momento era a intensificação do ritmo das torturas que eram realizadas em cada um dos quartéis. E contavam que os métodos dos oficiais tinham se desenvolvido a tal ponto que surgiram sistemas de aposta e a utilização de técnicas cujas marcas eram vistas nos presos. Alguns deles tinham o corpo marcado de queimaduras de cigarro (esta foi uma das que eu conheci).

FH: Uma nova técnica que me apresentaram na prisão de Punta de Rieles, em 1973, era a de introduzir no ânus uma toalha molhada e dar choques.

MR: Essa da toalha não tinha, em lugar disso eles introduziam cassetetes. De um colega, quando foram retirar o cassetete, arrancaram-lhe os intestinos. Inclusive me contaram sobre as violações a que foram submetidos. São técnicas engenhosas e que mostram o nível moral das pessoas que participavam dos interrogatórios.

FH: Violentaram companheiras que foram jogadas completamente nuas na praça de armas. A todo o pessoal era autorizado o abuso, com uma única condição: que a violação não fosse pela vagina, mas pelo ânus. Nós ouvimos o relato dos soldados, que estavam felizes, que puderam "se aliviar" daquela vez.

MR: Você se lembra daquele velhinho grisalho, tão afável, carpinteiro, em Trinta e Três?

FH: Tão bom pai de família...

MR: Ele contava como uma mulher presa, que não tinha absolutamente nada a ver com nada, quando já tinha a sua liberdade decretada — época em que não se faziam mais interrogatórios porque tinham a convicção de que não fazia sentido, e não conseguiriam qualquer informação —, tiraram-na do calabouço e, com o argumento de fazer uma revista, levaram-na à enfermaria para violentá-la.

FH: Se dependesse dos soldados que estavam ali, ela ficaria à disposição da tropa.

MR: E o encarregado disso era o velhinho grisalho, bom pai de família.

FH: Os soldados, em um calabouço onde estivemos, contavam tudo isso com plena satisfação, da mesma forma que se conta que foi ao cinema; isso era motivo de diversão.

MR: Esta sala 8, cheia de torturados e moribundos, onde havia pessoas que morriam, onde havia colegas que estavam padecendo, que eram acordados com golpes de cassetetes, seria um sonho recorrente depois que me colocaram no regime a que fomos submetidos durante tantos anos. Eu sonhava em voltar para a sala 8, para poder ter água à disposição, lençóis, luz do dia...

FH: E urinar quando quisesse... para poder, de alguma forma, ver rostos humanos, os rostos dos companheiros. A essa altura do campeonato, em Rocha, sonhava com o que faria no dia em que me libertassem, se é que algum dia poderia desfrutar da liberdade. Meu sonho era me levantar e fazer xixi, mas não em um banheiro, fazer à vontade, em qualquer lugar...

MR: Entre as árvores e com vista para o mar.

FH: Para mim, isso era a expressão cabal da liberdade do homem. Poder mijar onde e quando quisesse.

MR: Como, então, não poderia sonhar em voltar ao mictório da sala 8?!

Diálogo de loucos

MR: Poucos dias depois, me buscaram para ir outra vez rumo a Rocha, onde, devido a uma mudança, você, que nesse mesmo período tinha comparecido perante o juiz, ficou em um calabouço vizinho e assim pudemos retomar nossas conversas, que até aquele momento mantínhamos somente com nossos fantasmas.

FH: Éramos os necromantes da cela, a povoávamos de espíritos.

MR: Como aquela conversa entre Babieca e Rocinante. "Metafísico estás?" "É que não como" O que me lembra um diálogo estranho, mas nosso. Foi em Santa Clara. Tinha a sensação — a sensação? — de estar nas últimas. Um desgaste muito grande. E queríamos tomar providências desesperadas para que nos transferissem para outro lugar, um que tivesse melhores condições. Sonhávamos com o Hospital. Considerávamos fazer algo contra o nosso organismo que pudesse resultar em doenças ou ferimentos que os obrigassem a nos transferir.

FH: O problema era conseguir ferramentas.

MR: Claro, não era fácil. Você tinha um estoque, um arsenal, e um dia me perguntou sobre o que poderia acontecer se engolisse um prego; tinha um de duas polegadas, dobrado e enferrujado. Respondi: "Nada, porque podem removê-lo com uma sonda". Então, você considerou a possibilidade de cortar as veias com uma pequena lata que era, certamente, dessas de supermercado. Eu respondi imediatamente com uma batida que era como um estrondoso "não". Descartada a ideia, você sugeriu o uso de um alfinete para uma auto vacina, usando a crosta do vaso sanitário, que durante séculos não havia sido limpo de verdade. Quando era possível, você a retirava com as unhas, depois vinha com esse riquíssimo material, colocava-o no braço e, com a "agulha", aplicava como se fosse uma auto vacina, com a esperança de ser infectado com um tifo que, entre outras coisas, propagaria o medo do contágio na guarda e no comando. Teriam que levá-lo a algum lugar para que se recuperasse. A outra coisa com que sonhávamos era uma super tuberculose: isso nos levaria até o Saint Bois.

FH: A esta altura estávamos irritados com nossos corpos, porque, apesar de tudo o que sofreram...

MR: Continuavam respondendo, parece men-
-tira.

FH: Se mantinham de forma vital...

MR: Absolutamente dedicados a continuar vivendo e dando uma de "saudáveis".

FH: Apesar dos cálculos que tínhamos feito em Melo, em 1974, de que, naquela situação, não aguentaríamos por mais de seis meses, resistimos por vários anos, e nossos corpos continuavam funcionando.

MR: Depois dessa operação de auto vacina, que você realizou diariamente durante duas semanas, você teve febre e...

FH: ...uma inflação no braço e uma espécie de eczema onde eu inseria as "agulhas". Me consultei com o enfermeiro, que me prescreveu Dipirona.

MR: Enquanto isso, o Pepe, com quem estávamos incomunicáveis, vivia a sua própria agonia.

FH: Dramática, os fantasmas o perseguiam.

MR: Pepe tomou consciência de que falava em voz alta, como nós. Com medo de que isso acontecesse durante o sono e ele dissesse algo inconveniente, começou a suspeitar de que havia em seu calabouço um gravador escondido. Apesar de nunca ter sido real, ele acreditava ser, a ponto de ouvir o zumbido do gravador e pensar que aumentavam o volume para assombrá-lo. Esse gravador que não existia começou a zumbir de tal forma que não o deixava dormir e, às vezes, Pepe pedia aos gritos que o desligassem. Para nós, não havia fronteiras entre o real e o imaginário. Tudo era a mesma coisa.

Longa viagem à justiça

FH: Um dia, começam a rotina de preparação para uma viagem. Não sei o que estava acontecendo no Uruguai no início de junho de 1974. Tinha ouvido dizer que, em meados de maio, o quartel ficou em estado de alerta, e me dei conta de que a coisa não era contra nós, mas por problemas internos de segurança. Houve uma grande quantidade de veículos; me levaram em um camburão, sozinho, enrolado num arame como um salsichão.

MR: Como um fardo em um depósito.

FH: Como um salsichão, assim mesmo. Testaram os intercomunicadores de diferentes veículos, e os oficiais ordenaram a ida em "extremo estado de alerta". Viajamos toda a manhã por uma estrada ruim. Após uma parada, ouvi ordens que foram dadas com grande energia: "Bom, agora vamos entrar na parte perigosa, então fiquem com os olhos bem abertos e balas a postos". Comecei a ter a esperança de que estivéssemos em Montevidéu e fui confirmando quando vi, graças a um furinho no capuz, que os raios solares se inclinavam somente para um lado do caminhão. Comecei a sentir o aumento do trânsito na estrada, a mudança nos ruídos do motor, me dei conta de quando cruzamos uma ponte.

MR: Foi calculando em qual riacho passava...

FH: Isso, ia calculando; notava quando entrávamos em uma cidade e, por fim, tive a sensação inconfundível de que estávamos em Montevidéu.

MR: O trânsito.

FH: O ruído dos ônibus, o grito de alguma criança. Paramos em um quartel. Me tiraram o capuz e as algemas, logo me colocaram em um calabouço grande, com grades. Apareceu um oficial e me disse: "Aqui é o 13º Batalhão de Infantaria, você vai se consultar com um médico para ver como está. Bateram em você? Você tem alguma marca? Não queremos arcar com as merdas que outros fizeram, vamos lá, me mostre".

MR: Já tinham que dar conta das próprias.

FH: Depois soube que me transferiram porque meu advogado tinha conseguido, finalmente, que me levassem à justiça.

MR: A intimação do juiz civil.

FH: Parece que houve mudanças no comando do Exército nesta época, acho que Chiappe Pose saiu e Vadora assumiu como comandante-

-geral, e ele deu a ordem de que, sob nenhuma circunstância, eu poderia ir a um Tribunal. De modo que, quando o Uruguai jogou com a Suécia no Mundial de 1974, fui transferido novamente. Fui tão bem amarrado que um Sargento do 13º Batalhão de Infantaria, que estava presenciando tudo, lhes disse: "Não precisam de alguns pregos?". Um detalhe "estranho" foi quando me tiraram o capuz do 13º Batalhão para colocar o de Rocha, e disseram "Não, não, espere, espere"; então molharam o capuz com diesel, e colocaram na minha cabeça. Fiz toda a viagem vomitando.

MR: A longa viagem à justiça nunca chegava ao destino. Sempre voltava ao ponto de partida.

Sobrevivam!

MR: Estávamos tão agarrados à vida quanto a hera ao muro. Agarrados de tal maneira que desfrutávamos do menor indício que fosse de uma natureza que, para nós, estava proibida: a teia de uma aranha, o aparecimento fugaz de uma abelha no calabouço, a voz distante de uma criança. Eram os maiores acontecimentos do dia e desfrutávamos intensamente. Fazíamos igual com um prato de comida um pouco mais cheio que o habitual, ou com uma tarde que passávamos tranquilos, sem torturas ou agressões, ou com uma informação que conseguíamos pescar, ou — quando tínhamos uma lata — urinar com alguma autonomia. Aquilo nutria fortemente nosso desejo de viver. Como me disse certo dia um bêbado (que nunca mente): "Quando a luz se apaga, ninguém quer morrer". Jamais considerei o suicídio como uma alternativa. Porque, de alguma maneira, me sentia em um ato de militância que ia muito além do político-social. Era, afinal de contas, uma batalha pela vida.

FH: A agressão a que estávamos sendo submetidos não era mais contra militantes políticos de uma organização concreta. A essa altura dos acontecimentos, eles agrediam nossa humanidade. O que estavam fazendo transcendia a questão política e a questão ideológica. Até mesmo os soldados começaram a entender isso, e uma das coisas que, antes de tudo me faz refletir sobre esse tema — em meio àquela confusão mental em que vivíamos —, foi a vez em que um soldado disse: "Eu não suportaria o que esses caras suportam, eu me mataria". Então, pensei: por que não me matam? Por que seguimos presos à vida? Foi assim que nos propusemos a pregar um letreiro imaginário no calabouço que dissesse: "Aqui também se luta". Estávamos dando mais sentido a essa vida. Além disso, pensar em recorrer ao suicídio, na minha opinião, é uma questão de desespero. Vivíamos esperando os outros companheiros. Eu havia te aconselhado, se houvesse um apagão, a ficar em algum lugar na cela onde os tiros não pegassem.

MR: Em caso de alarme, acontecia uma "operação": abriam as portas, faziam com que nos jogássemos no chão e havia um guarda para cada cela, com uma bala na agulha, pronta para nós.

FH: A ordem que recebiam, para o caso de ataque ao quartel, era nos aniquilar. Em Trinta e Três, não era só atirar, mas lançar uma granada em cada calabouço.

MR: Granada de fragmentação M66, que criava um problema entre os guardas...

FH: Os guardas diziam: "Eu não vou atirar nada neles, porque vai sobrar pra gente também".

MR: Estávamos sempre atentos ao mais leve movimento atípico da tropa, principalmente à noite, esperando os companheiros, esperando um resgate, esperando, principalmente naqueles quartéis onde os calabouços ficavam perto das sentinelas. Esperando alguma invasão...

FH: Um tiroteio ou algo assim. Então eu sempre pensava, sonhava com o que eu faria, pensava no que fariam os companheiros...

MR: Que era um dos planos que tínhamos quando pensamos na possibilidade de te transferirem ao tribunal, e a mim, ao Hospital Militar; sabíamos que, em qualquer uma das possibilidades, os companheiros estariam a par, e eles poderiam tomar alguma medida para nos resgatar.

FH: E, diante destas circunstâncias, pensávamos que era necessário estar em um estado de saúde mais ou menos aceitável, porque, senão, passaríamos vergonha na frente dos companheiros caso tivéssemos que correr, pular ou fazer esforço físico. Por isso mesmo, justamente por ter essa esperança, não estávamos desesperados: confiávamos no povo, confiávamos na Organização.

MR: Muitos companheiros formidáveis se suicidaram ou pelo menos tentaram para não ter de lidar com a tortura. Nesse caso, as coisas são muito diferentes. Nepo, por exemplo, interrogado e ameaçado por Gavazzo, suspeitava que seria torturado novamente em Paso de los Toros e conseguiu cortar os pulsos. São circunstâncias diferentes. Meditei muito sobre isso e cheguei à conclusão de que tanto na situação em que estávamos quanto na tortura, a questão fundamental não estava exclusivamente, ainda que também pesasse, na convicção ideológica que se podia ter, mas em qualquer indivíduo. Independentemente de sua ideologia, se cristã, marxista, budista, você resgataria de dentro de si, porque é algo inerente aos seres humanos, os resquícios suficientes para se agarrar com unhas e dentes à vida e, além disso, com dignidade. Porque um dos princípios tínhamos era resistir, mas resistir com dignidade.

FH: A coisa era tão extrema que chegou ao ponto em que um soldado, dos poucos que encontramos, alguns anos depois, que honrava as calças que vestia, visitou cada um dos calabouços, sozinho, e a única palavra que nos disse — era um soldado amigo, evidentemente — foi: "Sobrevivam!". Em voz baixa, quase um sopro, como uma exigência.

MR: Sobreviver, entre outras coisas, para fazer isso que estamos aqui fazendo agora e que muitas vezes pensei: "Tenho que resistir, tenho que suportar para testemunhar". Uma das razões, um dos degraus em que nos firmávamos para subir desde o fundo do poço, era o fato de termos que comunicar aos companheiros, à família, à humanidade, o que estávamos passando, e que tínhamos a necessidade de testemunhar não só por nós, mas por todos os que estavam em situação similar ou pelos que tinham passado por isso e haviam sucumbido. Se tivesse que resumir o que estamos fazendo neste momento, diria que é um canto à vida.

FH: Isto é um testemunho de vida. Aqui não há rancor, não há desejo de vingança, não há desejo de classificar as atrocidades que chefes, oficiais e soldados cometeram contra nós. Isto é, antes de tudo, é um canto à vida, uma reafirmação vital.

O pantera negra

FH: Estamos em meados do ano 1974. Já retornamos, um do Hospital e outro do 13º Batalhão. Contaremos a história do Negro Viana.

MR: Era uma voz nova para nós...

FH: Em uma tarde, na hora da sesta, três veículos militares chegam à unidade e estacionam debaixo das janelas dos nossos calabouços. Fazem descer uns prisioneiros; sem dúvidas são prisioneiros, por conta dos insultos. O intercomunicador operacional pergunta (a um capitão) o que fazer. Ele responde: "Tratamento padrão". Durante uns quatro dias ficamos sem saber o que acontecia, até que trazem um dos prisioneiros aos calabouços.

MR: Ali eles batiam com força. Ouvimos um interrogatório: "Mora onde?". Uma voz responde um endereço em Quilmes; perguntavam de novo e a voz respondia a mesma coisa. Era um dos que foram transferidos ao Uruguai em colaboração com a repressão da fronteira vizinha.

FH: Então começamos a notar. Em 1974, não deram o golpe de estado na Argentina, mas havia prisioneiros nos calabouços de Rocha que foram trazidos de lá. No fim, eles dizem: "Então você está na Argentina, filho da puta? Certo, veja bem, você sabe onde está?" (evidentemente lhe tiram o capuz da cabeça). "Olhe bem!" Esse companheiro já tinha estado naqueles calabouços. Fica em silêncio. Dias depois, quando o levaram numa noite, o comentário que o guarda fez foi: "Vão matar esse negro aí no caminho. Foi levado nada mais, nada menos, por dois capitães; virou presunto. Não vai chegar a nenhum destino, porque do contrário, teriam feito a transferência como de costume".

MR: Ficamos com a tensa sensação de que aconteceria o que foi dito pelos guardas. Não ouvimos falar dele até que, pouco depois de um mês depois, retorna de Minas.

FH: Puseram-no no calabouço número quatro. Foi então que tentamos nos comunicar com ele. Como não havia outra coisa, cortei o meu dedo e, com o sangue, escrevi o código em um papelzinho, usando um alfinete. Deixei-o no banheiro, ao pé do vaso. Pensei: "Droga, pode ser que o Negro não perceba e o jogue fora". Assim que voltou do banheiro, começou a fazer ruídos. Estava há meses sem qualquer comunicação. Através da parede, me contou sua história. Tinha sido capturado na Argentina, era militante do 26 de Março e muito amigo de Zelmar. "Estou militando com o Flaco em Buenos Aires", me dizia.

Certo dia, invadiram sua casa e o capturaram juntamente com outros argentinos. Começaram a levá-lo de um lugar para outro, até perder completamente a noção de onde estava, então acabou em Rocha, onde, assim como em Minas, fora torturado. Por fim, trouxeram-no de volta. Quando o torturaram em Rocha, seus algozes conversavam entre si e mencionavam nomes. Falavam: "O que você acha disso, Fulano?", e diziam o nome de um capitão. Precisaram levar o Viana à enfermaria: arrebentaram o fígado dele... Então, chega esse "Fulano", já conhecido por Viana que, ao vê-lo diz: "Pare de me bater, cara". O capitão responde: "O quê?". "Pare de me bater, não me bata" "Eu não te bati" "Ok, não dê uma de esperto, você estava lá."

Esse capitão organiza uma espécie de julgamento. Faz o Negro depor, acusa os outros capitães de terem induzido o Viana a acreditar que o capitão era o torturador.

MR: Viana nos contou um pouco sobre o que ocorria no mundo até 74: o retorno de Perón, o tiroteio em Ezeiza, a crise do petróleo, a estreia de uma obra de "Taco" Larreta, que falava sobre a vida de um tupamaro, a queda de Allende, a intensa emigração que o nosso país sofria. Se integrou em nossa vida como mais um refém. Explicamos a ele que enquanto não ia a julgamento, era um desaparecido. Aconselhamos que começasse a fingir-se de louco para criar problemas para talvez conseguir antecipar seu julgamento. Fez isso e alcançou o objetivo. Não era mais um desaparecido. Agora, esperava sua transferência à Libertad, que aconteceria a qualquer momento. Sabíamos que, quando acontecesse, ele levaria aos companheiros informações sobre nosso estado, sobre os problemas que tínhamos. Nunca mais teríamos uma oportunidade como essa.

FH: No ano passado fui à Suécia por questões de saúde. Em um ato que fizemos em Lund, uma pessoa negra que estava entre o público bateu no meu peito e perguntou: “Quem sou eu?”. “Viana”, eu respondi. Pouco antes de sermos libertados, ele havia nos enviado algumas cartas de Lund, contando todas as denúncias que fez sobre nossa situação às comunidades internacionais no decorrer de todos esses anos. Aquele rapaz negro na Suécia não poderia ser outra pessoa. Nos vimos pessoalmente pela primeira vez.

MR: Perguntamos como havia sido durante as torturas: “E como eu não aguentaria, se nos momentos mais difíceis eu pensava no meu irmão, Lumumba?”, respondeu. Estava me passando uma mensagem: por mais sozinho que estejamos, dentro de nós há sempre alguém que julga nossos atos. Um pastor evangélico já tinha me dito que, nas situações mais difíceis, clamava a Jesus em seu interior. Outros companheiros me falavam do Che. Viana pensava em seu irmão Lumumba; eu, em último caso, pensava no meu pai e nos meus irmãos que haviam morrido em Auschwitz; são esses quem avaliam nossa conduta moral quando nos vemos em situações extremas. Lembro-me que certo dia, Viana, ao descobrir que você sabia desenhar, mas não tinha como fazê-lo, deixou-lhe um lápis no banheiro e te pediu para que desenhasse uma pantera negra. Se identificava com seus irmãos que lutavam pela independência na África e com os que estavam revolucionando os Estados Unidos, reivindicando seus direitos.

FH: Queria ler coisas que se referissem à luta pela libertação dos negros na África, porque, durante a tortura, ele se deu conta de que o tinham reconhecido como negro, não apenas como tupamaro...

MR: Havia – e há – racismo. Fui tratado da forma que fui não apenas por ser tupamaro, mas também por ser judeu, pela minha condição de judeu.

FH: Quando fomos à Minas, muitos meses depois, ouvimos os comentários da polícia sobre o que fizeram com o Viana. Uma das torturas foi deixá-lo pendurado por quase quinze dias. Um soldado contava e ria: "Para mim, queriam era esticar esse negro".

MR: Assim como tantos outros companheiros, Viana serviu como um exemplo. Foram nossos panteras.

Bens materiais

FH: Fomos submetidos a um altíssimo grau de dependência. Nos obrigaram a ser tão dependentes que precisávamos de um soldado até para ir ao banheiro. Então, cada conquista de independência, era um passo maior rumo à liberdade.

MR: Isso traz à tona algo que foi essencial para nós. Nos primeiros dias, sempre que conseguíamos algum método que nos desse mais independência, nos apegávamos a ele. Se nos dessem um livro, ficávamos vidrados no livro, se nos dessem mate, vidrados no mate, se nos dessem meia carteira de cigarros, era uma tranquilidade por podermos fumar. Mas logo nos deixavam sem nada, nos afundávamos no desespero por haver perdido os poucos bens materiais que tínhamos. Isso nos fez estabelecer um critério: não podíamos nos apegar a nenhum objeto. Devíamos nos apoiar apenas no que não nos podiam tirar: nossa vida interior, os sonhos, as fantasias, as ideias. Não podíamos nos encantar por um alfinete, por um livro ou por quatro fósforos que nos davam a cada quinhentos anos.

FH: Chegamos até a redescobrir o estoicismo. A descobrir a ataraxia e a apatia, não ficar contente por nada recém-conquistado, nem tristes por algo perdido.

MR: Também tínhamos que nos desapegar da família e do mundo exterior. Além do muro não existia nada; quando chegava o dia de visita, ficávamos em um imenso estado de tensão, esperando pela família. E então, eles não chegavam ou não haviam sido autorizados a entrar. Era a mesma coisa com a correspondência. Não podíamos viver como vivemos nos primeiros anos, esperando constantemente por alguma notícia, por alguma carta para ler nas entrelinhas alguma coisa que sua companheira ou a minha queriam transmitir. Por isso, nos recluímos em nosso interior, para não depender dos acontecimentos externos.

FH: Acho que descobrimos, Russo, uma das emoções que mais desestabiliza a personalidade: a pena de si mesmo. Não se pode ceder a ela porque, se acontece, a pessoa desmorona.

MR: A gente espera constantemente por uma mão amiga, por uma palavra de conforto, por uma atitude que nos traga de volta à nossa condição humana. Lembro-me da estranha sensação de felicidade que me envolvia quando um sargento, um soldado, abria nossa porta por algum motivo e nos dava bom dia. Aquelas duas palavrinhas percorriam o calabouço e transformava nosso ânimo. Isso me fez lembrar uma situação de Oscar Wilde. Ele, que pertencia à mais clássica aristocracia inglesa, esteve preso por dois anos na prisão de Reading, teve a cabeça raspada, foi humilhado, submetido a trabalhos forçados. Quando foi transferido para o julgamento, encontra um velho amigo. Esse amigo, por sua vez, lembra-se dele e o cumprimenta como se cumprimenta um lorde. Wilde incorpora a história em sua "Balada do cárcere de Reading", trazendo à tona a sensação de recuperar a integridade humana que sentiu naquele momento. Mas não se pode depender desses acontecimentos excepcionais, porque senão você morre.

FH: O insulto, a falta de respeito, a depreciação da dignidade, cumprem, nessas condições, o objetivo de despedaçar a personalidade. Se alguém tem pena de si mesmo, entra nesse jogo. Um companheiro, que era profissional, contou-me que havia resistido completamente às piores torturas, mas não suportava que o insultassem. Aguentava as pancadas, os choques elétricos, mas quando o colocavam num castigo e diziam a ele: "Ei, velho filho da puta", isso o atingia mais intensamente que a tortura física. Assim, durante todo esse processo, fomos endurecendo. Apagaram o sorriso dos nosso rostos, mas sempre dizíamos, quando percebíamos que não éramos afetados pelas boas ou más notícias ou pelas coisas gentis com as quais qualquer ser humano se emociona, que esse endurecimento era paradoxal, porque se tratava de proteger as coisas afetuosas – que nos pertenciam, que ninguém poderia tirar — com uma poderosa couraça, realmente protetora, para que não nos fossem roubadas.

MR: Não era insensibilidade, claro. Era uma defesa. Qualquer informação que captávamos se impregnava nas paredes do calabouço e podia se expandir a ponto de nos causar uma depressão. Reinterpretávamos as más notícias e chegávamos a conclusões sinistras. Da mesma forma, o mero vislumbre de uma boa notícia nos iluminava, levando-nos a passear pelas ruas e, algo que sempre acontecia: mijar disfarçadamente em qualquer lugar.

FH: Sempre evitávamos as repercussões nocivas dessas coisas: as grandes frustrações ou os grandes entusiasmos, que também nos faziam perder a noção do que estava acontecendo. Nossos bens concretos, mais tangíveis que os exteriores, eram os que conservávamos em nosso interior.

Sobre como o Exército transforma um homem em soldado

FH: A transferência de Rocha para Minas ocorreu por volta do dia 15 de dezembro de 1974 e, para variar, nos prenderam em madeiras que ficavam na caçamba do caminhão.

MR: Quando eu pensava em Minas, não imaginava o quartel. Via a localização geográfica da cidade, rodeada de morros; uma das mais bonitas do interior do país. O que eu tinha em mente não era o calabouço onde nos enterrariam, mas a imagem dos morros em volta da cidade; sentia uma espécie de alívio por ser transferido para Minas. Durou só até a chegada.

FH: Toda essa paisagem que você tinha imaginado caiu por terra quando conhecemos o habitat que nos reservaram: três calabouços pequenos, minúsculos, onde as linhas já estavam traçadas, as mesmas que existiam em Rocha, mas, além disso, com uma elegante frase que dizia: “Proibido passar”.

MR: Linha fronteiriça totalmente inútil, porque lá era proibido caminhar. Haviam instalado para nós um banquinho todo destruído junto à parede, em frente à porta, e tínhamos que permanecer sentados o tempo todo com o nariz na parede. Foi assim durante nove meses. Havia uma pequena janela retangular que, quando chegamos, foi completamente selada. Fizeram uma abertura de 20 centímetro em cada porta, parecidas com as da prisão de Libertad...

FH: Abertura que servia para nos entregar a comida e nos vigiar.

MR: Por ela entrava um ar mefítico; meu calabouço ficava exatamente em frente à privada.

FH: Nesse banquinho tínhamos que ficar sentados olhando a parede com as mãos para trás presas com um arame. Só nos soltavam para comer ou quando precisávamos ir ao banheiro.

MR: Nos levaram várias vezes à sala de torturas da inteligência e fomos interrogados novamente por uma série de acontecimentos que ignorávamos. A essa altura, era uma espécie de sanatório ambulante: os vários dias em que passei em pé provocaram o aparecimento de varizes. Lembro-me de ter permanecido entre 15 e 17 dias em pé, primeiro no 9º Batalhão de Cavalaria e depois em Tacuarembó, no interrogatório conduzido por Gavazzo. Por conta das posições em que ficava no calabouço e pelas pancadas recebidas, desenvolvi escoliose na coluna, além de reumatismo, bronquite crônica, problemas renais, estresse. Cheguei nesse estado ao novo calabouço, onde havia ordem de permanecer sentado; também perdi ali o único alívio que encontramos, que era a comunicação através da parede. A partir desse momento, ficamos dois anos sem nos comunicarmos.

FH: A disposição dos cativos nos calabouços determinou, aqui e em outro quartel que fomos em seguida, que permanecêssemos incomunicáveis por dois anos: sem nos ver, sem poder conversar nem trocar sequer uma notícia, mantendo a noção clara de que seguíamos juntos apenas por ouvir as vozes um do outro de vez em quando ao pedir para ir ao banheiro. Em algumas escapadas que dei para caminhar pelo meu calabouço sem que me vissem, bem quando o guarda se distraía com, pude verificar as paredes e encontrar vestígios de outros habitantes: os daquele "fantasma" com o qual nos encontramos em Melo e que estava claramente desequilibrado. Havia deixado as paredes cheias, lotadas de equações matemáticas com letras bem pequenas; encontrei também uma frase que algum cativo deixou ali, que dizia assim: "lasciate ogni speranza, voi ch'entrate".

MR: "Deixai toda a esperança, vós que entrais." Permitiram-nos fumar, mas não nos davam tabaco. Algumas vezes, ao verem a situação em que estávamos, uma faísca humana era ascendida nos soldados. Principalmente dos mais jovens que haviam acabado de chegar e ainda não estavam habituados com a atividade dentro do quartel, que era desenvolvida de forma sistemática. Um deles, devia ter uns 18 anos, sensibilizava-se muito por nossa situação. Um dia, se aproximou da abertura e me disse: "Do que você precisa? O que eu posso trazer? Vou lhe trazer tabaco!". E trouxe mesmo. Mas, uma vez, foi surpreendido pelo sargento da guarda, que estava do outro lado do portão. Chamou-o, disse-lhe que isso era estritamente proibido e ele logo foi notificado por um tenente e suspenso. Esse soldado solitário deixou de vir durante vários turnos. Quando reapareceu, era outro. Havia sido punido, ameaçado de ser dispensado, tinha se mijado enquanto o sargento gritava: "Aqui você virou gente. Chegou morrendo de fome, sujo, sem roupa, parecia um pichi...". Tornou-se o inimigo mais feroz que tínhamos sempre que íamos a Minas. Trabalhava para que a ameaça de dispensa, de retorno à sua posição de vagabundo, de pichi, como diziam, não se consumasse.

FH: Eu também tenho uma memória muito triste desse soldado, porque também nunca me esqueci, que no Natal de 1974, ele me jogou um pacote inteiro de tabaco pela abertura, e então observei a mesma coisa que você contou. Entendi que o pegaram fazendo algo proibido, que lhe haviam aplicado uma punição bem grave, porque não voltou a cumprir turnos por um bom tempo e depois vi, com grande surpresa — que inclusive me fez desacreditar na humanidade — esse mesmo rapaz, evidentemente bom, que se sensibilizou com a nossa situação, mudar por completo. Era outro homem, estava enfurecido conosco e havia se transformado não só durante esse ano em que estivemos em Minas, mas nas outras ocasiões em que estivemos ali e ele já não era tão jovem...

MR: Em uma ameaça constante cada vez que iniciava um turno.

FH: Era um dos piores. Não nos perdoou nunca por ter sido bom.

MR: Levaram-no para integrar o esquadrão da inteligência.

FH: Isso fazia qualquer um refletir profundamente sobre a capacidade que o Exército tem de transformar um ser humano simplesmente aplicando punições, tal como vimos com nossos próprios olhos esse rapaz ser transformado... Começamos a dar mais credibilidade a uma frase que um dia um oficial nos disse e achamos que era bobagem: "Um soldado deve sofrer como um condenado. Um bom soldado sempre será filho do rigor".

Nova rodada de torturas

FH: Minas: um lugar onde passamos muita fome...

MR: À noite sempre tinha um nutritivo e abundante guisado de arroz. A ordem era nos servirem o mesmo guisado da tropa, mas nos davam apenas o caldo. Sempre que entregavam o prato e desamarravam o arame, iam até o banco e me colocavam para comer de costas; eu tinha o hábito de contar os grãos de arroz que vinham no caldo. A vez em que mais contei (lembro-me com clareza) cheguei a 14.

FH: Alguns dias depois que chegamos ali, vem a notícia do que ocorreu com Trabal, e de repente, aquela sala conhecida como "Sala de Disciplina", do Batalhão de Infantaria N° 11, fica cheia de companheiros trazidos da Penitenciária de Libertad para serem interrogados, pelo que pudemos ver pela abertura da porta. Houve um processo de reinterrogatório como represália — não se sabe até hoje por que —, e como meu calabouço estava praticamente grudado com a porta que dava acesso à sala de torturas, eu podia ouvir noite e dia o som estridente do rádio ligada a todo volume...

MR: ...para abafar os gritos...

FH: Também nos interrogaram sobre um capitão de Rocha (o do incidente com o Viana).

MR: Queriam "ferrar" com ele.

FH: Até hoje não sei por quê.

MR: Mostravam fotos para que os reconhecêssemos...

FH: Queriam ferrar com o próprio companheiro e a alternativa que tinham era arrancar de nós uma acusação contra ele.

MR: O que nos negamos a fazer... Queriam atribuir a ele a informação dos roubos do chefe. Não entendíamos nada. E não nos interrogavam sobre o MLN, mas sobre eles mesmos. Desse jeito, era perigoso falar até com um chefe porque depois, em outras unidades, poderiam te interrogar sobre essas conversas e então você voltava à unidade anterior e o acusado poderia te interrogar sobre o que tinham te interrogado. Era Kafka...

FH: Por fim, cansaram-se.

MR: Chegaram então os companheiros uniformizados da Penitenciária de Libertad: o brasileiro Fuques, Lázaro, Guridi...

FH: Vi pelo menos cinco companheiros. Meses depois, estavam ali também, presos nos mesmos calabouços, quatro adolescentes, menores de 18 anos.

MR: Garotos...

FH: ...chilenos, e um rapaz mais velho, peruano.

MR: Peruano, isso mesmo.

FH: Torturaram todos eles. Tenho a impressão de que cometeram um grande erro, porque em determinado momento começaram a pedir desculpas a eles por tudo o que havia acontecido.

MR: O que eu pude supor foi que, enquanto os interrogavam, pediam informação à polícia chilena e ela confirmou que eram apenas excursionistas.

FH: Pelo modo como o quartel passou a tratá-los, eu acredito que um deles era parente de alguma autoridade chilena. O peruano que capturaram com os chileninhos foi quem mais sofreu; acho que não tinha nada a ver com eles.

MR: Encontraram com ele um documento que devia ser registros de viagem, com comentários de todo o tipo, daí vieram nos interrogar sobre isso. Levaram-me à sala da inteligência, dividida por uma cerca, com luzes focando na parte onde se dava o "tratamento". Eram comentários triviais e observações de alguém que não tinha absolutamente nada a ver. Mas eles viam pontos e ligações por todo lado: procuravam pelo em ovo.

FH: Nunca mais voltamos a ver esse peruano...

MR: Outro "fantasma" dos calabouços?

Trabal

MR: Certo dia, um dos soldados abre a fresta e, no calabouço que ficava na "calçada" da frente, apareceu Lázaro Maman, um ator que havia trabalhado em uma obra minha, "Las ranas". Olha para mim com surpresa, como se não acreditasse no que estava vendo, e me faz gestos de assombro e de solidariedade. Atrás dele vejo o brasileiro Fuques. Cumprimentam-me com um sinal habitual do indicador com o polegar estendido debaixo do nariz, como se dissessem "estamos bem". Então esticou a mão fazendo um "cinco" e a passou pelo pescoço. Haviam matado cinco companheiros. Esse sinal tinha a ver (depois entendemos) com a morte de Ramón Trabal. Em "represália", mataram cinco companheiros trazidos de Buenos Aires.

FH: A interpretação é posterior, não é? A única coisa que entendi foi o sinal de que haviam morrido cinco, mas não sei se foi na prisão ou em algum tiroteio.

MR: Mas depois íamos ouvir o mesmo que narramos, e nem antes ou agora podemos confirmar ou rejeitar o que escutamos nos calabouços.

Haviam negado uma promoção ao coronel Ramón Trabal (ele cumpria os requisitos), porque, embora ele tenha participado ativamente da repressão como chefe do Serviço de Inteligência, não concordava totalmente com a posição dos generais mais fascistas. Para tirá-lo desse meio, o transferiram como Adido Militar da Embaixada da França. Mas a quantidade de informações que ele possuía fazia muita gente temer, então acabou sendo morto pela chamada "Brigada Internacional Raúl Sendic" em um atentado. Esse atentado, essa ação, não foi da Organização; supõe-se que partiu de outros lugares. Também soubemos que não foi de nenhuma organização popular.

FH: Os soldados diziam que foi uma luta interna das Forças Armadas; que foi uma confusão entre eles...

MR: E que foi, além disso, uma ação com um duplo propósito. Nós já estávamos avisados de que qualquer atentado que ocorresse fora dali seria pago com nossas vidas. No entanto, não o fizeram, embora as autoridades o tivessem considerado. Talvez, em nosso lugar, assassinaram cinco queridos companheiros, que apareceram jogados em estradas vicinais nos arredores de Soca, entre eles, Floreal Garcia e sua esposa. Seu filho havia sido sequestrado. Não faz muito tempo que foi recuperado do Serviço de Inteligência do Exército argentino. Durante anos não soube quem eram seus pais.

O TEMPO: ESSA BEBIDA AMARGA

FH: Muito deste relato teria de ser um silêncio total e absoluto, porque o que vai pautar esse prolongado tempo é o silêncio total e absoluto; é o NADA, o não acontecer nada, teria de expressar algo...

MR: É o tédio e a incerteza.

FH: Não sei como expressar para que se entenda o que significa estar por mais de uma década em condições em que não acontece nada...

MR: A questão não era somente deixar os dias e os meses passarem, mas resistir, minuto a minuto, desde o amanhecer até o anoitecer, inclusive durante a noite. Uma luta constante contra os minutos, porque cada um que passava era exatamente igual ao outro. Some-se a isso o estado de incerteza. Cada vez que se ouvia o ruído metálico das grades ou os passos de um oficial, ou até mesmo um soldado que se aproximava, nos perguntávamos: "Agora o que vão nos fazer? Onde vão nos bater?".

FH: E aquela leve esperança que tínhamos no início de retornar à Penitenciária ficou pelo caminho.

MR: Não esperávamos nada, nada acontecia.

FH: Apenas o passo lento do tempo, como uma bebida amarga.

MR: Quando um preso sabe que vai ficar seis meses em tais condições, ou um ano, ou três, ou dez, de alguma forma, condiciona o seu espírito e o seu pensamento para lidar com esse período, sabendo que terá um fim. Mas em nossa situação, sem informação, sem notícias, com uma pena que poderia ser perpétua, até a morte ou a loucura, não tínhamos como condicionar nada. Neste relato, como é lógico, temos o que se pode contar: algumas coisas, poucas, que nos aconteceram. Mas o que mais nos aconteceu, quero dizer, NADA, durante anos NADA. Como contar isso?

FH: Na medida em que o tempo se transforma em um lento passar (e aqui em Minas é o lugar onde isso se intensifica), tudo vai ser uma vã rotina. Por exemplo, Pepe e você, que estão comigo na mesma divisão de calabouços, passam a ser presenças distantes, porque nem nos vemos nem temos a oportunidade de trocarmos nada, nem sequer uma piscadela... É um fenômeno estranhíssimo. Com o tempo, mesmo que vocês se encontrem no calabouço ao lado, começam a estar tão distantes como minha família, minha infância, meu passado. Começam a ser: memórias.

MR: Nós também éramos existências fantasmagóricas...

FH: ...vozes, que no começo eram vozes muito presentes, "Lá está o Russo pedindo para ir ao banheiro, ou Pepe protestando porque o arame o está apertando". Mas, depois, quando a voz do Russo se transforma em uma rotina, e a de Pepe também, começam a ser ruídos incorporados ao clima, como se Pepe ou você estivessem no exterior. Estavam em outro mundo: do outro lado da parede; isso significava distante. Cada um de nós começa a afundar em si mesmo. Único mundo habitável...

MR: Ainda assim, ouvir os sons que você ou Pepe produziam me dava a sensação de que estava integrado ao mundo. Me lembro nitidamente nas catacumbas de Paso de los Toros, quando no meio daquele silêncio, ouvi que você ou Pepe recorria à lata e produzia uma pequena cascata que parecia...

FH: O som de uma mijadinha...

MR: O indício de um outro ser humano, de uma consciência com vontade de mijar, e aquilo era reconfortante. "Não estou só, eles estão lá." Ainda mijam. Esses sons me alegravam de alguma forma, porque eram a presença de seres amigos.

FH: Acho que quando pensam em nós, as pessoas podem imaginar seres que vivem na mais profunda solidão, e isso é um erro. Nós vivíamos na mais profunda incomunicabilidade, que é uma coisa diferente. Como perdi a liberdade, aprendi que a solidão é um de seus atributos; isto é, a possibilidade de estar só. Se qualquer ser humano quer estar sozinho esta tarde ou amanhã, ele fica.

MR: Para voltar a se reintegrar, quando puder, ao mundo habitado. O homem é um bicho social. Sua solidão é transitória.

FH: Não apenas transitória, Russo, mas voluntária. Ele é quem determina a sua solidão ou não. Mas nós nunca estivemos sozinhos; nos privaram da solidão. Durante anos fomos vigiados dia e noite por mais de um par de olhos que analisava tudo o que fazíamos. Até quando íamos ao banheiro tínhamos caras olhando para nós. Não tínhamos direito à privacidade, nem a mais elementar intimidade. Liam nossas cartas, examinavam nossas roupas íntimas...

Relatando a experiência de um preso em "A Condição Humana", Malraux diz que o mais perverso deve refugiar-se em si mesmo. Não ficou muito tempo sozinho, muito tempo preso. Há um abismo mais fundo ainda e, em frente a ele, a única salvação é essa atrocidade: refugiar-se em si mesmo. Quando tudo, tudo é hostil e mesmo quando querem entrar em sua consciência, com as unhas sujas, o refúgio dentro de si mesmo é uma conquista. Dia a dia é necessário lutar.

MR: É verdade. Você lembra do lema de cada vez que fomos transferidos? "Picareta e pá,

Nhato, cavemos mais fundo o refúgio de nossa solidão." O único modo de enfrentar, íntegros, o que viesse.

Qualquer ser humano na vida normal tem a necessidade de um amigo para descarregar as preocupações e medos, fazendo uma espécie de catarse, demonstrando por qual razão está sofrendo. Mas como nós não podíamos fazer isso, eu sentia que cada vez que trazia um problema de uma visita ou de um interrogatório, um soco, um desconforto, uma doença, uma dor reumática, um estado de angústia ou estresse, não era capaz de comunicá-lo, não havia nenhuma maneira para me libertar do sentimento. Então, sofríamos com a incomunicabilidade principalmente nesse tipo de coisa, onde não tínhamos a oportunidade de desabafar com ninguém sobre nossos sentimentos, um irmão, um amigo.

FH: Aquilo estava parecendo mesmo a inutilidade, a total falta de sentido. Nós notávamos que nossas famílias também estavam se acostumando; entravam numa dinâmica de que não só a nossa situação, mas também a ditadura, era uma coisa implantada que seguiria, como uma doença natural e incurável. Notávamos em pequenas coisas.

MR: Já começava a parecer normal a anormalidade de nossa situação. No entanto, não estavam completamente habituados, essa era uma sensação que tínhamos. A família não se conformava. O povo, do qual era parte, menos.

“Eu controlo meu chuveiro sozinho, porra!”, disse Gregorio Álvarez

FH: Transferência. Vai fechar o primeiro círculo da roda-gigante. Demoramos dois anos para voltar ao ponto de partida. 22 de setembro de 1975, retornamos a Santa Clara. Estávamos amarrados com fios, na parte de trás do jipe, contra o chão, embrulhados, para que as pessoas não pudessem nos ver.

MR: Tivemos que parar no meio do campo. Não se via seres vivos, ranchos ou estâncias por nenhum dos lados. Fizemos uma parada para as necessidades da guarda e para as nossas também. Então eu pude ver esse panorama, porque, de repente, depois dos meus reiterados pedidos, me desceram do jipe, levantaram meu capuz à altura dos olhos, desataram minhas mãos e as amarraram à frente. Foi um grande momento da minha vida, aquela vista. Eu podia ver pastos, vinhedos, o tronco de uma árvore, pedras.

MR: Éramos um capital político nas mãos do general Gregorio Álvarez. O 7º Batalhão de Cavalaria, instituído no centro do latifúndio, havia se tornado uma espécie de base de operações do Goyo. Cada vez que havia algum conflito dentro das Forças Armadas, o "Sr. General" se instalava ali, em um bangalô com teto de sapé, que chegamos a ver alguma vez desde uma brecha da porta do banheiro que, por descuido, deixaram entreaberta.

FH: Os soldados a conheciam como "a cabana do general", já que a presença do Goyo em Santa Clara de Olimar passa a ser muito frequente.

MR: O general também teve que lutar por melhores condições de instalação. Brigou para ter água quente. Recusava-se a tomar banho com o aquecedor elétrico porque tinha medo de atentado.

FH: Uma vez, escutamos dos nossos calabouços um grito...

MR: "O senhor general quer um chuveiro a álcool!"

FH: A tropa estava agitada, vasculhando a terra e o céu. O quartel, a delegacia, o liceu, o bairro... A ordem era: "Esgotar todos os meios; obter um chuveiro a álcool, ou morrer em busca de um".

O general vinha de uma cavalgada e queria tomar um banho imediatamente, sem riscos de eletrificações subversivas (ou de outras).

"Olha o capricho desse velho mimado", sussurrava a tropa ofegante.

MR: Goyo sofria de uma acentuada psicose de perseguição; eu não sei até que ponto pode ser exatamente isso, mas a história que vou contar, tínhamos escutado em Laguna del Sauce. Uma noite, ele acordou com a sensação de que estava sendo atacado pelos tupamaros. Pegou sua arma e, quando seu assistente, que era um sargento, entrou ao ouvir o alvoroço e os gritos de dentro do quarto, o general o acertou com alguns tiros.

FH: Ouvimos essa história muitas vezes. Não sabemos se é verdade, porque os soldados são muito propensos a cair em mitos, mas era bastante comum ouvir que Gregorio Álvarez tinha matado um milico, e que tudo tinha sido encoberto.

MR: Acho que por aqueles anos ele começou a tornar-se fazendeiro. O campo é tranquilizante.

A república do Goyo em pé de guerra

FH: Num fim de ano, em uma das visitas de minha mãe espanhola, recebi uma informação importantíssima; ao me beijar, disse-me ao ouvido: "Morreu o general Franco...".

MR: "Não há tento que não se parta nem tempo que não se acabe"

FH: Foi uma grande notícia para nós, e minha mãe sabia disso. Por isso, correu o risco de me passar a informação. Nessa mesma visita, trouxeram minha filha totalmente vestida de branco. Imagino o trabalho que deu levar minha filha de Montevidéu até esse distante quartel. O mais provável é que tenham trocado sua roupa na rua, antes de entrar, para que eu pudesse vê-la com seu melhor vestido. Tendo em conta a sujeira e os chutes com os quais me levavam para as visitas, as algemas nas pernas da mesa e tudo mais, era uma incongruência total aquela menina vestida de branco.

MR: Meu velho tinha que fazer um percurso muito longo e muito difícil desde a estação de trem até o quartel. Vinha muito carregado de coisas, pois as famílias sempre traziam mantimentos, frutas, erva-mate, livros, mudas de roupa, com a esperança de que essas coisas fossem aceitas e entregues. O velho me contava que alguns vizinhos de Nico Pérez se aproximaram onde parava o trem, e que cada vez que ele chegava (sabiam a data mais ou menos), um garotinho o esperava e o ajudava a carregar os pacotes. E me lembro disso porque meu velho mandou o patinete da minha filha via encomenda. Nossos familiares encontravam gente amiga em todos os lugares, gente solidária que os acolhia em suas casas, que os mantinha informados...

FH: Correndo grande risco.

Temos que contar aquelas misteriosas mobilizações que ocorreram em 13 de janeiro de 1976, aproximadamente, data em que ocorreu no quartel de Santa Clara de Olimar...

MR: Um estado de guerra.

FH: Um verdadeiro estado de guerra. O alarme mais importante de todos os que ouvimos estando em quartéis. Onde foi? Você lembra? Porque foi de repente.

MR: Foi de repente. Me lembro do primeiro comentário da guarda: "Olha que isto não é para treinamentos, cara. Esta guerra é real".

FH: Acho que foi ao cair da tarde. Imediatamente (inclusive poderia reconstruir tudo), o telegrafista trouxe um código de rádio que o capitão de serviço decifrou e, rapidamente, começaram os gritos, davam ordens para a convocação de urgência a todo a equipe; colocaram uma mesa na porta do quartel, que estava pertinho de nossos calabouços, para receber o número de tropas e indicá-los a tarefa ou a missão que tinham de cumprir.

MR: Porque havia um deslocamento de tropas para algum lugar...

FH: Urgente. Além disso, tinham que se armar para a guerra...

MR: Acho que iam para Montevidéu.

FH: Olha, eu ouvi que tinham de se armar para a guerra, que todos os veículos do "parque" precisavam ter gasolina o suficiente.

FH: Que era necessário confiscar os caminhões da cidade, do município, os particulares, e então ouvimos orientações dadas aos gritos na praça de armas, quando os homens se formavam e iam saindo. Ouvi que tinham de reforçar a guarda em Nico Pérez e dar instruções a um capitão, nesse sentido que você disse, "que a coisa não era um treinamento, mas que era sério, que precisavam se preparar para um combate real". E, evidentemente, não era contra nós; isto estava claro: nós não tínhamos nada a ver.

MR: Supomos, por alguns sinais e frases soltas, que poderia ser um conflito entre comandos militares. Uma das expressões mais recorrentes era a "República do Goyo", "A República do Leste". A Divisão do Exército 4 havia se tornado uma república separada, cujo "presidente" era o comandante-chefe dessa divisão.

FH: Sim, vamos voltar a ouvir isso alguns meses depois, em Laguna del Sauce.

MR: Além disso, os generais Álvarez e Cristi, em uma reunião do Comando Geral do Exército, haviam trocado ideias e chicotadas (como sempre).

FH: Essa discussão vai durar a noite toda. Em determinado momento, debaixo da nossa janela, discutia um grupo de cadetes, armados para a guerra (percebo pelo tilintar dos arreios): "Não pode ser! Essas coisas não podem acontecer de maneira nenhuma!". E outro dizia: "Bem, mas o que você vai fazer se acontecer?". "Mas não pode acontecer, de maneira nenhuma pode acontecer." A coisa era grave.

MR: Esse clima vai durar alguns meses.

FH: Em 13 de janeiro isso acontece. Em seguida, a tensão diminui e ficamos com um grande ponto de interrogação. Não sabemos o que aconteceu. Alguém sabe?

Psicologia dos cadetes

FH: Ao longo de todos esses anos, pudemos perceber no seio das Forças Armadas, especialmente entre os oficiais, uma psicologia específica para cada grau.

MR: Uma mentalidade diferente. Até chegamos a detectar uma diferença de tratamento, de comportamento, de pensamento, entre os oficiais que nos prenderam e nos torturaram e as novas gerações de oficiais. A razão que eu encontrei para isso era que os oficiais que nos prenderam em 1972, de alguma forma, estavam "formados" em um regime constitucional; em uma escola militar não dirigida pelos generais mais fascistas e que, além disso, eram os que iniciaram a técnica de tortura em massa. Então, tinham diante de tudo isso, que era novo, uma atitude de rejeição. Frequentemente tinham sentimento de culpa (aconteceu comigo, com você, e com muitos colegas) e, em algum momento após os interrogatórios, tinham a necessidade de desabafar.

FH: Esses oficiais foram os primeiros a lidar conosco; correram riscos, tiveram que combater, que fazer invasões, participaram de tiroteios, enfrentaram uma organização que estava completa... Eles tinham uma mentalidade de combatentes. Ainda não contavam com a segurança ou a convicção da impunidade total.

MR: Mas a partir do momento em que as Forças Armadas adquirem um poder maior, as novas gerações da Escola Militar passam a ser educadas na concepção de que somos assassinos, de que não tínhamos ideias próprias, de que éramos subsidiários de ideologias estrangeiras, de que não podia haver em nós nada que aliviasse, de alguma forma, a hostilidade que neles provocávamos... E a maior certeza: a impunidade. Observávamos isso nos cadetes que chegavam.

FH: Eu pedi que você definisse a psicologia de um cadete, em 1975 ou 1976, em um quartel como o de Santa Clara de Olimar; nos especializamos nisso, pois ali funcionava o Centro de Instrução de Recrutas (CIR). Como estávamos em celas que davam para a praça de armas, ouvimos durante anos os novatos serem instruídos e se transformarem em soldados. Cada CIR durava três meses; vários CIRs passaram por debaixo de nossa janela; vários soldados promovidos. Esses mesmos recrutas, que pertenciam a todas as unidades da divisão 4, os conhecemos como soldados de segunda classe, de primeira classe, os vimos subir como cabo, sargento, e estivemos sob sua custódia. Ouvimos enquanto contavam histórias de quando eles passaram pelo CIR, de um CIR que, eles não sabiam, nós conhecíamos.

MR: Não é fácil se colocar no lugar de um menino de 20 anos que sai da Escola Militar com uma arma no cinto e de botinas; que chega a um quartel e, imediatamente, colocam à sua disposição um assistente que engraxa, que arruma sua cama e lava suas roupas; que chega a deixar o bigode crescer para ter uma aparência mais viril; que tem sob seu comando homens com o dobro de sua idade; que chegam deslumbrados pelos feitos dos mais antigos, que contavam histórias sobre prisões, tiroteios, torturas onde não podiam aproveitar nem para "trepar". Apresentaram-lhes uma imagem nossa que não era a real, aquela que tinham os primeiros oficiais que nos entrevistaram; que eles estão ali para aplicar penalidades não somente à tropa, mas também a nós; visitam os calabouços para conhecer os homens que ouviram falar através das lendas, dos comentários, dos cursos da Escola Militar que incluíam e incluem História do MLN; chegavam com um ódio cultivado e exacerbado e com uma convicção de impunidade que os outros não tinham. A essa altura eles sabiam que, fizessem o que fosse, não lhes aconteceria absolutamente nada. Chegavam habituados à ideia da tortura, do sofrimento, das humilhações... com a ideia dos afogamentos simulados, do choque, da tortura, das apostas, do cavalete, como questões normais da vida de um "profissional".

Desejavam poder usufruir dessas práticas, já que estavam entediados, como qualquer estudante, com a pura teoria.

FH: Você se lembra em que mês ingressaram os cadetes recém-chegados ao quartel? É parte da "meteorologia" daquele mundo.

MR: Fevereiro é a época em que mudavam os comandos militares e começavam as promoções. Fevereiro: mês de cadetes "recrutas".

FH: Em fevereiro terminavam suas férias; concluíam o curso; recebiam o posto de oficiais e eram destinados a uma determinada unidade militar. Então, nós recebíamos os cadetes recém-chegados. Era um mês ruim para nós. Quero ressaltar o seguinte: um cadete recém-chegado é motivo de chacota dos soldados, todos os soldados, imediatamente...

MR: Têm que ensinar onde estão as coisas, como se dão as ordens, as medidas que são tomadas.

FH: Quando os oficiais chegam ao quartel, os soldados começam a comentar: "Olha, chegou aquele gordinho", "Que cara de infeliz", "Uhh, aquele magrela tem pinta de bicha", "Esse outro parece bom". Começam, como dizem, a "psicologizar". Os soldados se preparam também para sofrer, porque os cadetes se aproveitam de qualquer motivo para prendê-los. Então, o cadete recém-

-chegado tem que se fazer respeitar em primeiro lugar pelos soldados, e mais ainda pelos presos.

Quando digo que o recém-chegado é um coitado, digo sem nenhum fundo depreciativo. Qualquer tenente que estivesse nos ouvindo, ou qualquer tenente que tenha um pouco de experiência, concordaria com a gente: eram tratados como a "escória" dos militares. São encarregados das tarefas mais tediosas. A primeira: fazer guarda. O cadete "recruta" sabe que tem pela frente um ano ou mais como comandante de guarda, uma tarefa tediosa em um Exército que não está lutando. Outro problema é que, em geral, os soldados não o obedecem; é alguém que, apesar de ter títulos...

MR: Não tem autoridade.

FH: Os soldados desacatam frequentemente as suas ordens, pois a experiência mostra que esse tipo de oficial dá ordens incorretas. Os mais antigos diziam: "Veja, cadete, isso eu não faço, eu vou falar com o capitão". Ao chegar à unidade, vinham logo nos ver pela fresta, ainda vestidos de civil; os demais oficiais os traziam para mostrar-lhes os presos como quem mostra troféus. Lá surgiam os primeiros comentários, e as primeiras ameaças: "Agora estes vão ver...!".

MR: Há algo referido a essa atitude que não era bom para nós; eles tinham a necessidade de nos atacar, de nos humilhar, de nos deixar horas em pé para poder se gabar e não ficar para trás em um mundo onde as ações eram todas semelhantes.

FH: Você se lembra quais eram os livros de cabeceira dos oficiais à época?

MR: Larteguy.

FH: Sim, mas também era moda "As veias abertas da América Latina". Eles liam Galeano.

MR: Pobre Eduardo! Quando ler isso vai rir. Mas eles se identificavam com os personagens de Larteguy.

Um desses cadetes nos tratava direito, e uma vez me levou ao banheiro, acompanhado, evidentemente, de soldados de sua confiança (porque os soldados também tinham que vigiar as atitudes dos cadetes em relação a nós, e podiam delatar para a Inteligência).

FH: É claro! Os oficiais estavam sob vigilância...

MR: Ao ver que essa guarda lhe era oportuna, enquanto eu me agachava, ele perguntou: "O que significa Pélida?". Nessa posição e de capuz, eu respondi que Pélida vem de Peleu, que é o pai de Aquiles, casado com Tétis. Contei toda essa parte da história da Ilíada e, ao perceber que ele se interessava, segui narrando, inventando, ganhando tempo, sempre curto, para ter um serviço completo. Naquele dia, graças a Homero, me lavei até os dentes.

FH: Outra vez, um tenente veio nos calabouços nos perguntar o que eram "saturnais". Parece que houve uma discussão no cassino dos oficiais...

MR: Eu me lembro. A única coisa que lhes interessava sobre o tema era que se tratava de festas em honra a Saturno. Quando escutaram essa palavra, contaram as letras e, desde a abertura na porta, disseram ser "suficiente". Estavam fazendo palavras cruzadas.

Os "cowboys" do quartel

FH: Essa vontade de nos torturar como forma de ter histórias para contar depois, se manifestava plenamente quando, por exemplo, chegavam a Santa Clara de Olimar ou a qualquer outro quartel, oficiais de uma unidade em que não havia presos. Então, estes novos cadetes nos exibiam a seus companheiros de seção e diziam: "Venha quando chegarem do banheiro: vai ver que lindo". Logo estavam nos fazendo a gama de crueldades completa. Essa é a mentalidade do cadete, quando recém-chegado.

Então essas crueldades começavam a "envelhecer" e adquiriam outras "habilidades", outra experiência. Começam a deixar de lado os esquemas militares. Quando acabam de chegar, eles trazem esses esquemas fresquinhos, e o que é pior: acreditam neles; as ordens são dadas e se cumprem, os soldados batem continência, no Exército tudo é perfeito, organizado, eficiente, subordinado...

MR: Descobrem todas as coisas que se pode atribuir a um assistente: desde arrumar a cama, até para ficar à disposição dos desmandos das namoradas dos superiores...

FH: Ou de qualquer "prima" (como eles dizem) porque, em geral, não têm namorada no início. E quem vai apresentá-las? Quem são os que levam um cadete ao prostíbulo primeiro?

MR: O assistente. A busca por uma namorada passa pela mesma psicologia de que se deve chegar ao quartel e deixar o bigode crescer. Quando eles tinham o dia de folga ou não estavam de guarda, pediam que o tratador lhes preparasse o melhor cavalo, com os melhores arreios. E depois que lhes engraxavam as botas, saiam para fazer um passeio e mostrar a "pinta" recém-estreada. John Wayne entrando no povoado do Faroeste. Eram os passos para conseguir uma namorada.

FH: A sala de oficiais ficava muito próxima aos nossos calabouços. Então esses meninos, porque não deixavam de sê-lo, quando estavam descansando, ouviam músicas modernas, quase todas em inglês. Eu suspeitava que muitas dessas letras eram letras de protesto, mas como não entendiam...

MR: A guarda se revoltava porque queria ouvir cúmbia.

FH: Ouviam música moderna porque iriam a um baile. Com as botas de cavalaria, "treinavam" dançando entre eles. Podíamos ouvir o ruído ensurdecedor que faziam no chão de madeira e os comentários: "Assim não", "De outro jeito",

"Isso está errado". Uns riam, outros ficavam putos. Todo esse treinamento era para o sábado ou o domingo, quando tinham que ir ao baile, vestidos de civil, para dançar música moderna, como os pichis. No fundo, queriam estar com o cabelo por fazer e andar com algumas correntes penduradas no pescoço, vestidos à moda. Por isso mesmo tinham muita raiva de quem andava assim.

MR: Depois se tornou comum o grupo de cadetes nos bailes populares, onde entravam só para provocar. Especialmente no interior do país.

FH: Escutávamos os soldados que iam a esses bailes contarem as histórias.

MR: Muitas vezes formavam gangues de vingança, sabíamos disso porque alguns cadetes voltavam bastante feridos. Os recrutas, como os de Montevidéu, não são descuidados nem preguiçosos. Quando não ia muito bem, o grupo ou sacava a arma no meio do baile, ou a identidade militar.

FH: Com essa postura, fica evidente o valor que um cadete tinha nessa época. Porque, apesar de tudo isso, mantinha uma conduta. Não nos tratava bem, mas tinha cautela. Demonstrava que, mesmo sendo jovem e imerso nesse clima, não se deixava levar por uma maioria sempre predominante e agressiva.

MR: Naquele momento ainda tinha tanto de casa como do quartel e da Escola Militar. Como estava em processo de aprendizagem, se não demonstrava estar apto, era excluído. Houve centenas de oficiais que foram dispensados por essa razão, muitos rebaixados e presos.

FH: Quando se completa alguns meses ou anos nessa posição, "se aprende a ser milico", especialmente com os soldados antigos, que não respeitam nada e mandam mais, independentemente do que diz a lei orgânica. Os cadetes começam a deixar de lado o esquema militar e aprendem como se deve mandar no Exército uruguaio, que — por mais difícil que seja admitir — é um grande escritório público. O maior. É importante saber o que se pode mandar e o que não. Saber quando dizer ao soldado: "Ei, fulano, me dá uma força aqui", e quando tem que dar uma ordem estrita.

MR: O soldado, que tem muito mais tempo de quartel, pode acabar ignorando. Uma vez, quando estavam em treinamento, um cadete muito "verde", que comandava o cruzamento de um vale que tinha cercas de arame farpado estendidas no ar, disse: "Por aqui". A tropa sabia dos riscos que corria e ninguém o avisou. Apoiou os pés na linha inferior do arame farpado, segurou-se na linha de cima e, quando chegou à metade, fez um giro de 180 graus, ficando de cabeça para baixo diante do riso de todos, que não podiam — nem deviam — dar uma mão, porque era ele quem estava dando o curso de "sobrevivência". Deixavam que se perdesse no monte, porque, por mais que a bússola os guiassem, não conheciam as referências que para um homem de campo são comuns: uma alfarrobeira, os maracujás, a aroeira, uma mata de talas. Depois vinham e comentavam em frente aos nossos calabouços, se matando de rir.

O verme

FH: O soldado, depois que os "psicológa", detecta o que, segundo eles diziam, é "o verme" do grupo, "o que não serve". E então declara guerra, a guerra que os soldados geralmente acabam ganhando. O verme é um grande perseguidor; prende por qualquer motivo e persegue obstinadamente os que se colocam em seu caminho. Já os soldados têm um modo de resistência silencioso: localizam suas vítimas, espalham a notícia e se juntam para que o verme comece a fracassar. Geralmente, o verme detectado pelos soldados coincide com o verme detectado pelos presos. Dá para pensar...

MR: Se lembra do que aconteceu com um desses sujeitos em Laguna del Sauce? Tinha uma guarita próxima às celas; numa noite de inverno, o mesmo cara que passou o dia inteiro perseguindo todo mundo disse que ia dormir um pouco, pedindo aos demais que o avisassem quando o capitão de serviço se aproximasse, para que ele pudesse assumir seu posto rapidamente. Quando o restante da guarda percebeu que o capitão se aproximava, nem se moveram. Acabou indo passar uns dias "no quarto", que é onde ficavam detidos.

Na espécie "verme" há alguns particularmente hostis, com um alto grau de sadismo. Foram os que mais nos atormentaram.

FH: Imagino não ser necessário dizer os nomes, não é? Basta que saibamos, qualifiquemos e exemplifiquemos a mentalidade, evidenciando o fato de que também existem pessoas que, apesar de todas essas pressões de natureza social que estão rodeadas, mantêm a sua linha de conduta.

MR: Não tenho muita certeza. Falamos sobre isso antes e é bom que os tenhamos presentes. Não há um motivo de vingança, nem de criticar ou de apontar. Mas você acha que os que definitivamente não mencionamos, cujas proezas e comportamentos vamos contar agora, neste momento devem ser capitães, majores...

FH: Tenentes-coronéis.

MR: E estão no comando de unidades.

FH: Acha que mudaram?

MR: Bom, isso eles teriam que demonstrar; a prática é o critério da verdade.

FH: Somos homens velhos, e estamos falando de meninos que fizeram barbaridades conosco; barbaridades. Mas as fizeram em uma fase de sua vida, e eu acredito que (não sei se sou muito mole) devemos dar a todos os seres humanos a possibilidade de que o tempo os melhore. E como eu não sei se agora continuam sendo tão "vermes" como eram naqueles anos, além do fato de que, se fôssemos dar nomes, teríamos que dar os de todos, muitas pessoas nos maltrataram muito, muito, mas tomaram a precaução necessária para que não descobríssemos seu nome; então, cometeríamos uma injustiça no sentido de apontar alguns e deixar outros. Para sermos justos, teríamos também que dar os nomes dos que se mantiveram humanos, e eu acho que não convém, porque até hoje o Exército possui a mesma mentalidade e se falarmos seus nomes, vamos prejudicá-los.

MR: É hipotético o argumento de que possam ter mudado, mas é possível. Ainda que tenham mudado, isso não altera a conduta que tiveram conosco e com nossas famílias...

FH: E com os soldados, pois não se esqueça que o que era "verme" com a gente, era "verme" com os soldados.

MR: Em geral sim, mas não sempre. "XX" era um carrasco com a gente e um pai para os soldados. Uma confissão de arrependimento não é suficiente para pessoas que certamente se envolveram em coisas muito mais vis no momento em que outros cadetes mais humanos tinham uma atitude correta. Então, é importante estabelecer a diferença entre uns e outros.

FH: Quando dizemos tratamento correto, não queremos dizer bom, nem brando, nem pacificador...

MR: Queremos dizer que se um membro tem ordem para nos levar ao banheiro uma vez por dia, encapuzados e de mãos atadas, nos leva. Mas os outros incluíam a pancada nossa de cada dia.

FH: Ou simplesmente não nos levavam.

MR: Ou nos jogavam no calabouço dando um chute de ferro no meio das costas para fazer com que ficássemos contra a parede do fundo. O tema que estamos tratando nos leva pela mão à questão da responsabilidade individual dentro da coletiva que as Forças Armadas têm como corpo. Você sabe que, muitas vezes, os oficiais e os chefes atuavam abusando de normas que eram rígidas, repressivas, adicionando a elas a sua cota separada. Nesse debate recente que houve sobre a infame lei de impunidade que o parlamento uruguaio votou, faziam referência expressa à impunidade daqueles que cumpriram rigorosamente com as ordens estabelecidas. Constataram que houve oficiais e chefes que se excederam nessas regras que eles mesmos criaram. É o caso também desses cadetes, não me refiro a todos, mas a muitos deles, que vimos e que adicionavam por conta própria mortificações, torturas, acontecimentos que, em alguns casos, levaram à morte.

Há uma responsabilidade coletiva que tem que ser processada historicamente como tal, mas também há individualidades que adicionavam sua cota de ideologia fascista, de ambição, de sadismo, que culminou em atos mais hediondos e em assassinatos mais horrendos.

O capitão "dá um jeitinho"

FH: É muito difícil definir a mentalidade do tenente; ainda permanecem jovens e são os oficiais que, dentro da escala hierárquica, mais "trabalham" nos quartéis. Se encarregam das tarefas tediosas e complicadas: ser comandante de guarda, dirigir a instrução dos soldados, ir para a educação física com eles. Onde já se nota uma psicologia muito especial, que quase define a graduação, está a nível de capitão.

Esse começa a ser um "lorde" dentro do Exército. Um capitão, se sabe sê-lo, não faz nada; transfere todas as tarefas e todas as responsabilidades "feias" a seus subalternos.

MR: Dentro do contexto do Exército e do país, um capitão dispunha de um acesso mais ou menos imediato a atribuições de outra natureza em órgãos autônomos, delegacias de polícia, intendências, e podia até mesmo ser enviado ao exterior. Então, tinha que cuidar de sua imagem, mostrar um outro nível. Surgem-lhe possibilidades de se desenvolver, de governar, de se sentir próximo do poder.

FH: A idade vai lhes dando certa maturidade e juízo. Já existem atividades particulares fora do quartel que começam a ter mais importância do que a militar. Vimos casos assim: capitães de determinadas idades, alguns muito antigos em sua graduação, que se caracterizavam pela total indiferença para tudo; não davam a mínima à política, ao Exército, ao país... Estavam a passeio.

MR: Usam uma expressão, um jargão militar, que diz: "dar um jeitinho"; os capitães começam a "dar um jeito". Têm instrumentos de poder, de controle, de ligações, o que permite mediar através do contrabando, negócios próprios, amizades civis que precisam deles, de sua própria influência.

FH: Não só atividades ilegais, mas também as normais, que lhes permitem ter melhores rentabilidades e produzirem altíssimas rendas. Além disso, sabe-se que, quando se alcança certa idade, com alguns anos de milico nas costas, quando começam a "apodrecer", descobrem que essa não é exatamente sua "vocação"...

MR: Então começa a ser tedioso. A essa altura já se tem uma estrutura familiar, mulher, filhos e ficar no quartel mais do que o essencial é irritante, não querem ter problemas, complicações...

FH: Tiveram muitos desenganos, estão cansados dos versos que aprenderam na escola militar, estão céticos.

MR: O problema da honestidade e da dignidade. Da disciplina.

FH: São cínicos em muitos casos.

MR: É aquilo: "quando fores a Roma, faz o que vires fazer", como Dom Quixote disse a Sancho. Então, uma das questões que começam a surgir em suas mentes é que se seus superiores têm conseguido por vias nobres ou não nobres — ou ambas —, uma fazenda para criar seu gado, os capitães também desejam isso. Lembre-se que uma das características dos oficiais em Santa Clara de Olimar, coração do latifúndio, era que os comandantes-chefes da Brigada eram proprietários de terras.

FH: O tenente-coronel, comandante do regimento, também.

MR: Ouvimos muitas vezes que desviavam os fardos de cereais que chegavam para a unidade...

FH: Cereais para os cavalos do Exército da pátria.

MR: Mas que seriam entregues ao "estabelecimento do senhor major". Os oficiais, seguindo o exemplo de seus superiores, buscavam também vias de nutrir suas "fazendas".

FH: No fim, os cavalos civis do major, os pichis, comiam os cereais.

MR: Cereais que todos pagamos para que os cavalos e os majores engordassem da melhor maneira.

FH: Essa experiência de "milico" pede que o capitão tenha uma espécie de tratamento familiar e paternal para com o soldado. O tenente é muito mais severo. O local onde o soldado vai para protestar contra uma injustiça ou pedir ajuda é frente ao capitão, não porque seja bom, mas porque ele terá um tratamento mais brando, menos militar.

MR: Ocorre, em alguns casos, uma relação de afinidade no pior e no melhor sentido. Lembro-me de um capitão que elogiou um cabo porque em uma noite havia proibido os soldados que estavam sob o seu comando de fazer um programa próprio no calabouço, onde havia uma companheira presa para ser violentada. O capitão, sorrateiramente, disse-lhe: "Eu não quero essas porcarias". Alguns tiveram essa dignidade.

FH: Muitas das idiotices que se fizeram no Exército se consumaram, entre outras coisas, pela covardia de oficiais que, não estando de acordo, as aceitaram; não tiveram coragem para enfrentar isso. Os capitães, em última instância, optavam por não ser perturbados em sua carreira militar, mesmo à custa de calar e tolerar imoralidades.

MR: Qualquer atitude não prevista que pudessem ter conosco, qualquer atitude humana frente a qualquer torturado, podia ser informada como "simpatia com os tupamaros", e se tornar — como ocorreu algumas vezes — motivo de julgamento.

FH: Me atrevo a dizer que existe um alto percentual de oficiais do Exército que talvez hoje sejam coronéis — e que nessa época foram capitães ou tenentes — que não têm a menor dúvida de que o que se fez foi uma barbaridade, e que eles são culpados por covardia; são conscientes de que o que lhes faltou foi coragem. Não para matar, mas para outra coisa mais brava: protestar e combater (uso a linguagem deles) quando viram as aberrações.

MR: O Exército está nas mesmas condições que antes da ditadura: coabitam nos quartéis, uns e outros: os que tiveram limites para a indignidade e os que não os tiveram.

“O JEITINHO” DO SENHOR MAJOR

MR: No grau de major, a preocupação com as questões políticas cresce. Um ou outro costumava ir até os nossos calabouços para fazer perguntas dessa ordem ou de caráter histórico. Queria situar-se no contexto político para a disputa que havia nas Forças Armadas. Nesse nível, já participam dessas polêmicas.

FH: Os soldados o qualificam como “inspetor”. O major ainda não comanda, é um segundo chefe, responsável pelas atividades práticas e administrativas do quartel, então é conhecido por ser “o homem que inspeciona”. Nós, os pichis, pagamos aos majores para isso. Era o militar que mais víamos. Os soldados sabem a que horas o major começa a inspecionar. Então se preparam...

MR: Fazem faxina, abotoam a camisa, ficam com armas a postos. O major já tem sua vida familiar estabilizada e não gostaria de que, a essa altura, tivesse confusões que perturbassem sua paz doméstica, seu status no Exército ou as regalias que já tem. Geralmente, neste grau, o pessoal do quartel já está terminando seu chalé no Leste.

FH: Já sabe qual vai ser sua carreira, então imaginam até onde podem chegar. Poucos têm chance de passar — e já intuem isso —, de coronel. Está "acabado".

MR: De alguma forma, quer agir para que haja um equilíbrio.

FH: É conservador, mais especificamente. Já se vê como coronel reformado. Conjectura dentro desses limites. Pragmático e realista.

MR: Quando queriam ter conversas "privadas" conosco, pediam que a guarda fechasse a porta, e o faziam diante de oficiais que não dedurariam. Porque havia oficiais que informavam aos superiores se ouvissem o major falar com um preso sobre temas que não eram permitidos pelas normas. Então, mandavam fechar a porta e anunciavam que, quando terminassem o "interrogatório", bateriam para sair. Uma vez, isso não era habitual, um me disse: "Temos um livro seu aqui, '*La rebelión de los cañeros*'". Se interessou pelo tema, que tinha a ver com a fome e a luta dos trabalhadores da fronteira, cortadores de cana. Vinha nos dizer que ele também sentia a dor desse povo, mas que nós tínhamos errado o caminho ou a metodologia, e que de alguma forma ele se sentia herdeiro dessas preocupações sociais. Tinham que justificar, quando chegaram a esse nível, não apenas a si mesmos, mas em frente aos seus filhos: "Nós fizemos o que fizemos porque queremos que esse país seja melhor". E todo o resto.

FH: Acredito que, entre outros motivos, isso se deve também ao fato de que o major e o comandante são as pessoas que têm, de cada unidade militar, pelo império de sua função, mais relação com a população civil. São os responsáveis pelas relações com as autoridades e com os vizinhos de cada localidade. Quando há uma festa em um quartel, são eles que fazem os convites, os que lidam com os pichis; têm que ir a clubes, trocar ideias, falar. Pode ser que recebessem alguma crítica, e têm necessidade de dar respostas.

O grau de major, assim como o comandante, caracteriza-se por gerir os recursos econômicos do quartel, praticamente sem controle de ninguém; então isso permite que, se um cara tem veia de ladrão, dificilmente se encontre um ladrão mais ladrão do que um major. Quando o major é ladrão...

MR: É um baita ladrão.

FH: Porque tem todas as possibilidades de fazê-lo sem muita dificuldade. Conhecemos os piores nos níveis de major e de comandante. É verdade que não tivemos muito contato com coronéis, mas parece que esse grau é um pouco mais tranquilo; no sentido de que, dada a sua hierarquia, podem enganar muito, muito mais, sem a necessidade de grandes recursos. O coronel rouba com mais elegância.

MR: No 8º Batalhão de Cavalaria, em Melo, houve um comandante muito rigoroso nas questões de roubo: era proibido. Acabou ficando sem tropa. Teve que dar baixa a todo um destacamento porque havia sido financiado pelos fazendeiros contrabandistas de gado. A medida adotada foi a transferência do comandante para que o Exército pudesse continuar funcionando com "normalidade", em Cerro Largo. Aquele homem, militar, ia contra as leis da natureza.

FH: Se alguém chegava com traços de honestidade, tinha que necessariamente "surrupiar" algo, assim todos teriam algo a dizer do outro. Os capitães podiam contar coisas de seus chefes, os tenentes dos capitães, e ninguém se importava que alguém fosse oficialmente julgado por ter aceitado um suborno e dissesse: "Sim, mas o comandante rouba quase toda a gasolina".

MR: Chegaram a tal ponto que comentavam nos quartéis que Gregorio Álvarez se tornou presidente, ainda que a maioria dos generais não estivesse de acordo, porque apresentou o seu currículo de indecências dizendo: "Se não votarem em mim, eu abro o jogo...". Não foi preciso dizer mais nada, apenas ameaçou encostar em seus arquivos, meticulosamente guardados pelo seu serviço particular de inteligência. Foi assim que chegou a ser coroado rei.

Comandante: "espécies zoológicas"

FH: O comandante se caracteriza por um fato fundamental: em última instância, ele é o responsável.

MR: Esse homem desenvolve, assim como o major, uma conduta que lhe permite ficar bem com Deus e com o Diabo.

FH: É um grande político. É nesse grau onde menos há a ideia de impunidade. O comandante tinha, mesmo que fosse no fundo de sua consciência, medo de que algum dia lhe pedissem satisfação do que tinha acontecido no seu quartel.

MR: Porque tinha a maior responsabilidade. Embora estivesse de acordo com as regras que eram aplicadas a nós, não queria que acontecesse o pior dentro da unidade que ele dirigia.

FH: Havia alguns comandantes que eu definiria como orgulhosos de si mesmos. A única coisa que lhes interessava, e acredito que nenhuma outra coisa que faziam no quartel como comandantes, era que — durante o seu comando — não transgredissem qualquer regra que implicasse falta de respeito ao seu grau. Projetavam toda uma série de regras para que os soldados, oficiais e praças pagassem um tributo à sua hierarquia. Bater continência, deixar o carro “nos trinques”, não comer sem sua “autorização”. Era grave quando alguém violava alguma dessas regras que comprometiam o reconhecimento da autoridade do “senhor comandante”: a falta de uma permissão, uma pisada fora do momento adequado ou o toque de clarim incorreto para anunciar sua chegada. Nisso consistia sua tarefa mais importante. Lustrava e polia, com a vigilância e o monitoramento permanentes, tudo o que diz respeito a suas divisas.

MR: Estes são os que mais se preocupam em pintar tudo de branco. Os soldados o definem: “Prende tudo o que se move e dá uma mão de cal a tudo o que está quieto”.

FH: Depois estão os comandantes que são de fato comandantes: homens que levam o grau a sério. Chegavam, faziam o necessário para a unidade, inovavam, vinham com propósitos longamente planejados. Executavam tudo e duravam pouco tempo no posto, até serem substituídos por outro. Por exemplo: alguém decidiu montar um zoológico de animais nativos; passou dois anos coletando as espécies até que chegou seu substituto — cuja preocupação era a indústria da carne — e, assim como aconteceu com o zoo de Paso de los Toros, capivaras e outras espécies nativas viraram “chouriço”.

Vimos, em algum lugar, o novo comandante parar em frente a uma obra, que o comandante antigo tinha feito, e dizer, estalando a língua: "Isso é muito tosco, tragam a escavadeira". Então, temos "o mau". Entende que em seu grau é preciso ser severo. Chega e começa a "se fazer notado", aplicando trinta ou quarenta prisões ao pessoal da tropa e dez ou doze aos oficiais e, é claro, as conhecidas punições a nós; ele quer ser um homem terrivelmente militar, um Átila uruguaio.

MR: Um comandante com essas características era tão rigoroso e tão severo que um dos problemas mais comuns era que os soldados não aguentavam e começavam a pedir a baixa, que resultou em uma reunião onde três capitães lhe pediam para que fosse mais flexível, senão ficariam sem colaboradores. A medida por ele adotada foi prender os três capitães.

FH: Esses "maus", às vezes, tinham uma certa "habilidade" psicológica: castigavam os oficiais com prisão e eram bons com a tropa. Em uma das unidades, diziam que os oficiais "sonhavam" com o chefe. Era um presente de Deus com os soldados.

MR: Tiveram uma ou outra "ovelha negra" entre os comandantes: os corretos. Deixavam apenas viver. Não perturbavam a tropa nem agrediam os presos — mais do que o regulamento estabelecia. Depois estava o "bom hipócrita": o que vinha ao calabouço, nos tratava bem e dizia: “Mas como pode ser que estejam assim?!”. Era pura propaganda. O comandante de Paso de los Toros já tinha essa característica bem definida.

FH: “Mas você não tem livros?”, me perguntava como se ele não fosse da unidade. “Ai, que vergonha, olhe o que estão fazendo com este rapaz!” Depois estão os que tipicamente “se ausentam”. São como aqueles proprietários que não vão nunca a sua fazenda. O administrador cuida de tudo.

MR: Negócios particulares.

FH: Exatamente. Havia comandantes que não conheciam nada de sua própria unidade. E pouco do Exército.

MR: O major cuidava de absolutamente tudo. Em Paso de los Toros era assim, o comandante aparecia de vez em quando.

FH: Nem os soldados o conheciam. Em Santa Clara de Olimar isso também acontecia. O comandante vivia em Montevidéu, e era o chefe do 7º Batalhão de Cavalaria. Vinha uma vez por mês, com a família, acampava, averiguava o que tinha acontecido, como estavam as coisas. Acho que até hoje não sabe bem onde fica Santa Clara de Olimar. Acontece o seguinte: lhe dão ordem para cuidar de uma unidade, algo que claramente não lhe interessa de maneira nenhuma porque tem negócios para resolver em outro lugar, para onde retorna. Então, decide "bater o cartão".

MR: E com isso, à maneira de Lineu, temos catalogado as várias espécies "strategos uruguaienses".

História de um penico cor-de-rosa

MR: O surgimento do dedo de Deus aconteceu em Santa Clara, em 1976, através dos dentes de um rato que, em um canto do calabouço, roeu uma saída para a rede subterrânea. Em princípio, não entendi essa mensagem divina, e fiquei meio preocupado por ter que conviver com roedores andando por cima de mim durante a noite. Até que me dei conta de que aquilo servia de mictório e passei a ter um calabouço com banheiro privado. Podia mijar ali, discretamente, perante o desconcerto dos roedores que se molhavam nesse aguaceiro.

FH: O Pepe não teve a mesma sorte e começou uma forte luta para conseguir ir a um banheiro ou para ter algum recipiente. De nada vale lutar para que te levem ao banheiro sabendo que não o farão: o melhor é ter um recipiente na cela. Exigia que lhe entregassem um penico que sua família havia trazido e que estava autorizado, mas não lhe davam bola.

MR: Pepe tinha um grau de incontinência maior do que o nosso.

FH: Ainda tem atualmente, ele estava com a bexiga solta.

MR: Por causa disso ele juntava lenços e panos que chamava de "fraldas" e os colocava na região da virilha. Todas as manhãs ele os tirava e deixava secar. Era uma situação desesperadora.

FH: Devido às feridas que Pepe teve no tiroteio, sofria de diarreia crônica. Todo esse processo a que fomos submetidos durante anos acabou soltando sua bexiga, o que também aconteceu conosco. Sua família havia feito um pedido ao Comando da Divisão para que autorizassem o uso de um penico, e o senhor comandante, chefe da Divisão de Exército Nº 4, com sua assinatura manuscrita, autorizou, mas, como de costume, a ordem "a favor" não foi cumprida.

MR: Você se dá conta que em um impulso de humanidade, o futuro presidente da República certifica com sua assinatura a autorização para que um recluso receba uma escarradeira... e nem assim a entregavam.

FH: Então Pepe fez uma coisa genial; após todas aquelas difíceis batalhas, todas perdidas, em um dia em que haveria uma grande festa no quartel, na qual todos os civis foram convidados, em um espaço notável, Pepe, com toda sua paciência, esperou que a praça de armas ficasse cheia. Consigo imaginar senhoras, esposas de coronéis, esposas dos "mais importantes" do povoado... Então começou a gritar pela janela desaforadamente que estava se mijando e que por favor... O major da unidade, que nunca escutava nossos gritos e nossos pedidos, veio correndo, apesar de sua falta de treinamento, porque fazia muitos anos que este homem não deveria fazer efetivamente, e sob qualquer hipótese, ginástica de guerra.

MR: À medida que ascendiam de grau, mais crescia a barriga dos oficiais. Chegavam redondos às mais altas graduações; mas, daquela vez, ouvimos o major chegar com passos vertiginosos. Fez a curva para entrar nos calabouços como se patinasse com suas enormes botas de cavalaria, e então ouvimos a voz melíflua: "O que está acontecendo, Mujica, de que você precisa?", "Do penico que está na Inteligência", "Mas só isso? Logo vai ter, fique tranquilo".

Em poucos minutos, o sargento, rodeado de guardas, abriu o calabouço de Pepe e entregou um belo, novo e plástico penico que, depois soubemos, era cor-de-rosa; até hoje o tem.

FH: Ninguém imaginava o calabouço de Pepe com um penico depois de anos...

MR: Nós nunca passamos de latas de metal, e isso, nos melhores momentos.

FH: Até esse dia não havíamos sequer chegado à lata. Agora parecia que o sonho de um de nós havia se tornado realidade; em um dos calabouços, pelo menos, existia junto com um preso um penico, inerte, indefeso, que tinha capacidade para quatro mijadas, que era... Acredito ter sido um dos dias mais felizes da vida de Mujica.

MR: Esse penico vai ter uma história que acho digna de uma vitrine no Museu da Revolução, se um dia tivermos.

FH: Vai ser defendida a braço de ferro, às vezes à custa de sangue. Em 1983, ou seja, quase oito anos depois, lembro-me do cheiro que tinha...

MR: Tive que lavar uma vez...

FH: Agora vou contar essa... O cheiro era motivo de protestos da guarda, então Pepe, que já o usava diariamente há quase uma década, mesmo sabendo que estava muito desgastado...

MR: Não aceitava de maneira nenhuma o cloro, a creolina, nem...

FH: Não se animava a lavar, porque a lavagem o desgastaria no fundo. De modo que tinha uma crosta...

MR: Uma proteção... Para que não fosse perfurado.

FH: E quando perguntávamos por que não o limpava, dizendo que se intoxicaria com o cheiro, nos deu uma explicação longa, de caráter técnico-científico, demonstrando que aquela crosta protegia o penico e a proteção importava muito mais que os riscos de uma infecção.

MR: O mais grave era ficar sem ele.

FH: O dia em que deram o penico a ele passei toda a tarde rindo.

MR: Pepe tinha aberto uma brecha...

FH: E nós continuamos lutando para conquistar nosso próprio penico.

MR: Da cor que fosse.

FH: Os altos comandos não estavam dispostos a uma anistia desse tipo.

MR: Geral e irrestrita.

Bloqueios e outras defesas

FH: Uma noite, em Santa Clara de Olimar, um cabo estava trabalhando com uma máquina de somar daquelas velhas, manuais. Acordei com esse barulho, voltei a dormir, voltei a acordar, fiquei a noite toda ouvindo aquele som que, para mim, era muito familiar, porque trabalhei anos em um banco. Trazia-me uma quantidade de lembranças e rememorações; transportou-me à época de escritório, quando era muito jovem, e aconteceu comigo pela primeira vez um fenômeno muito estranho, que vai se repetir de forma reiterada. No outro dia, quando me levantei, não conseguia me esquecer do som daquela máquina de somar (o cabo já não estava mais trabalhando), mas, fundamentalmente, não podia apagar as lembranças do banco da minha cabeça. Então me "transportei". É muito difícil descrever o que aconteceu; qualifico como um processo de auto hipnose. A verdade é que, não tendo sido nunca muito bom em matéria de contabilidade, comecei a reconstruir o funcionamento da agência onde trabalhava. Sobre a base de memórias e deduções, consegui reconstrui-la e aprender contabilidade, coisa que eu nunca soube além de noções gerais, como já disse.

Inventei contabilidades; mergulhei durante aproximadamente uma semana em um mar de números, dados, deduções, cálculos, bancos, balanços, livros, com tal intensidade e profundidade que não consegui dormir. Tudo o que acontecia ao meu redor passava despercebido. Perdia toda a noção do tempo, como se não estivesse no quartel. Quando estive em Punta Carretas, falei com presos comuns, encarcerados por muitos anos; alguns deles, a maioria loucos, me diziam com total suficiência que não estavam presos, porque quando queriam fugiam, saiam pelo muro, iam aos bailes, à rua, andavam com as pessoas que queriam e até tinham mulheres; estavam loucos, evidentemente, e eu os ouvia como tais. Não duvidava que isso teria acontecido em suas mentes, mas eu nunca havia experimentado em minha própria carne. É uma sensação agradável, a cabeça está ocupada "full", de dia e de noite; o mais estranho é ser possível ficar deitado na cama, cinco dias sem dormir, fazendo cálculos. Comecei a ter necessidade de anotar em qualquer canto: no sabão, em papéis, com pequenos pedaços de grafite, e vivia animado com isso. Cheguei a me incomodar ao ser levado ao banheiro, ou a que me trouxessem comida, apesar da fome.

De repente, essa situação, que qualifico como auto hipnose, parava lentamente, ia desaparecendo; os "retornos" me causavam tristeza e dor, porque era como voltar ao quartel. Este fenômeno aconteceu muitas vezes, e cada vez tinha uma duração quase exata: quinze dias, nem mais, nem menos.

Apesar da sensação agradável que me dava, comecei a temer que esse fosse um caminho para o desequilíbrio; pensei que era por causa de tudo que eu havia passado. Deduzi, analisando calma e friamente, que estávamos transtornados. Comecei a analisar outras de minhas atitudes no calabouço, mas também as suas e as do Pepe; os três estávamos tendo — não nos dávamos conta porque estávamos nos acostumando gradativamente — sintomas evidentes e cada vez mais agudos de desequilíbrio. No meu caso, estas "evasões", que não dependia da minha vontade, mas que vinham abruptamente, eram cheias de cálculos e números, ou de planos muito complicados, que exigiam uma grande concentração mental. Pensei que, com a cabeça vazia durante meses, o cérebro se jogava numa corrida intensa.

MR: Me lembro de ter conversado com Octavio, que estava na mesma situação que nós. Ele chegou a praticar exercícios de auto hipnose, e uma das dificuldades que ele tinha era para sair do transe, isto é, não conseguia recuperar a normalidade, até que, finalmente, estagnou. Tenho a impressão de que era uma espécie de bloqueio que tínhamos; terminávamos concentrando a imaginação em determinadas coisas como forma de fugir do que estávamos vivendo, mas as minhas fantasias eram de outra natureza. Quando me levavam ao banheiro, eu tinha um pensamento: “Não sabem que estou em outro lugar”. Acabava me bloqueando em relação à realidade circundante e a vida passava no pensamento, na imaginação.

Os limites entre a realidade e a fantasia haviam desaparecido; para mim era mais real e me dava uma sensação de vivência mais intensa reconstruir situações que eu tinha já vivido. E quando as esgotei, comecei a criá-las: por exemplo, um relacionamento da adolescência que resultou em um término; ignoro o término e continuo desenvolvendo meu vínculo com essa menina, construímos laços, progredimos, criamos nosso lar e tivemos filhos; e aquilo me absorvia a tal ponto que as coisas que me rodeavam deixavam de existir.

Amanhecia e o calabouço estava cheio de fantasmas; minha companheira chegava para passear comigo, ou minha filha, e, deitado no chão, tinha a sensação de estar sobre as areias de Malvín. Com um grau de concentração tão absurdo que uma batida, um chamado ou o grito de um guarda falando algo parecia anacrônico, fora da realidade. Comecei a perceber, além disso, um outro tipo de reação. Vou contar algumas delas.

Na cultura primitiva, os feiticeiros das tribos praticam magia. E a magia tem uma constante: para invocar a chuva, imitam o som ou seu comportamento. É como se pudesse estar no cio e houvesse um chamado de amor. Então, com a reprodução de sons, atitudes e os adornos que têm, imitam a queda da água, para que a água venha. Quando precisava muito ir ao banheiro, era uma tranquilidade e uma alegria ouvir que fechavam o portão, porque isso significava que nos tirariam dali; a batida na porta, o colocar do capuz, as mãos para trás, o nariz colado à parede. Mas essas coisas não aconteciam, ou seja, não fechavam o portão, não batiam à porta, então, em meio a uma necessidade, eu pegava o capuz, colocava na minha cabeça, com as mãos para trás, contra a parede, e gritava: "Estou pronto!".

Praticava essa magia primitiva, vezes conscientemente, outras inconscientemente, para ver se ante essa voz a batida seria produzida e o portão se fecharia.

Outra: de alguma forma eu havia reparado que as coisas não aconteciam. Então, cada vez que tínhamos uma transferência e especulávamos através do código Morse da parede sobre para onde poderíamos ir, eu sempre transmitia as hipóteses mais obscuras, para que, ao transmiti-las, não se realizassem. De alguma forma, eu conseguia te passar meu estado de angústia. Eu escondia esperançosamente as possibilidades otimistas de transferência e revelava as mais ferradas, porque se eu "as dissesse, não aconteciam".

Então eu comecei a ter reações que me levaram a discutir e a me irritar sozinho e em voz alta. Eu acho que a impotência era um dos principais "alvos neuróticos", por transferência, em situações imaginativas. Brigava mentalmente com alguém. Curiosamente, muitas vezes, não eram milicos: minha mãe, um amigo, você..., mas com tal intensidade que, no meio da caminhada frenética do amanhecer, me punha de pé e xingava o interlocutor, ameaçando-o com o punho.

Uma vez você sentiu o que estava acontecendo, chamou-me quando eu já estava um pouco mais tranquilo e me perguntou: "Com qual fantasma você lutou hoje?".

FH: Sim. Chegou um momento em que dava para ouvir suas discussões e as de Pepe nos calabouços que estavam ao lado, e eu me perguntei se vocês também não ouviam as minhas, se eu não estaria fazendo o mesmo. Você sabe que quando contei a história da máquina de somar, eu fiz para apontar um fato: quase todos esses fenômenos se produziam a partir de um leve gatilho, podia ser um cheiro, uma notícia...

MR: Ou um sabor. É uma observação que Proust faz em "Em busca do tempo perdido". O protagonista cria uma novela inteira a partir do sabor de um "bolinho", que por associação lhe desperta experiências adormecidas. Diz que o som de uma colher que cai rememora um som semelhante, com uma história que não tem nada a ver com o momento em que o fato ocorre. Como aconteceu comigo, quando um dia me trouxeram roupas e eu pude sentir o aroma de casa e isso me levou ao pátio verdinho com as plantas e à minha mãe.

Na raiz de cada fantasia há indícios pequeninos desta natureza que, no momento, não percebemos, mas que são os que nos transportam de repente de uma situação tensa a um passeio por El Prado.

FH: Cheguei ao ponto extremo da felicidade por terem me colocado um capuz para me levar ao banheiro; ao colocá-lo, impediram-me de ver e, ao impedir minha visão, permitiam-me continuar um cálculo que estava pela metade.

MR: Noutro plano, fui desenvolvendo, como os cães de Pavlov, um reflexo condicionado. Cada vez que alguém entrava no calabouço, cada vez que batiam à porta, embora viessem para entregar direito a magra ração que chamavam de comida, o simples fato de baterem, de entrarem, deixava-me tenso. Isso me faz lembrar de algo muito, muito ilustrativo.

Um soldado, com o que pudemos conversar em uma unidade, contou-me que tinha um filhinho de quatro anos, e que cada vez que saía da guarda e chegava em casa e o menino estava brincando na rua, sua reação era dar-lhe dois ou três sopapos. Num belo dia, vem meio espantado e me diz: "Olhe o que aconteceu ontem: era seu aniversário e o levei um pacote de doces. Ele me viu chegar, fechei a mão para alcançar o presente e ele levantou os bracinhos e me disse: 'Não me bata, papai, não me bata!'". Eu também levantava a guarda, mas ofensiva.

FH: Nesse processo até o desequilíbrio, nossa agressividade vai crescendo. Podemos perceber isso claramente quando retornamos à Penitenciária. Pela simples comparação. Não podíamos perceber quando estávamos nos quartéis, porque a agressividade era um instrumento de defesa da vida. Nos quartéis nos acostumamos com o fato de que se não fôssemos assim na defesa de nossas pequenas "regalias" ou na conquista de novas, não tinha como. Outra coisa: éramos seres cegos, mudos, quase desprovidos dos sentidos, do tato, do olfato...

MR: Vivíamos em um mundo sem cor; cada vez que começava a fantasiar situações, procurava freneticamente em meus pensamentos por paisagens verdes, ou floridas, e tinha grande dificuldade, porque não se pode pensar em cores ou, pelo menos, me custava muito e poucas vezes o conseguia; amaldiçoava os sonhos, porque geralmente eram em preto e branco.

FH: Eu guardava as cores. As tinha em papeizinhos, simplesmente para ter a possibilidade de vê-las, as mesmas duas ou três, durante meses.

MR: Era uma pausa...

FH: Não podíamos "ver longe"; fomos nos acostumando com a distância entre uma parede e outra, de forma que nas oportunidades em que pudemos olhar para o horizonte, foi surpreendente, até fisicamente, eu diria, porque meus olhos não estavam acostumados a acomodar as pupilas...

MR: Ao sair, nos confundíamos ao atravessar uma rua. Os sons começaram a ter um significado que, em alguns casos, se tornava nossa previsão meteorológica. Usava a expressão, que depois aparece com frequência em meus poemas ou em meus escritos, "no além do muro". Estávamos vivendo em um mundo, e o nosso "além" era das paredes para fora. Do exterior vinham as mensagens que nós tínhamos que interpretar. Passávamos semanas, meses e, às vezes, anos sem ver a luz do dia. Nos esquecemos da sensação que a chuva produzia em nossas costas. Quando ouvíamos o canto das andorinhas percebíamos que a primavera acabava de chegar. Começávamos a sentir que amanhecia antes da corneta, porque os pardais piavam, e o bem-te-vi, que é muito madrugador, soltava o primeiro canto. Nosso mundo era composto por uma série de sons que traduzíamos mentalmente em imagens e situações. Esse maravilhoso estalo da chuva era uma dupla festa: me transportava à uma ruazinha de bairro, em uma noite de outono sob a garoa. Em seguida, os sons hostis, as pisadas firmes contra o chão...

FH: ...o som das algemas...

MR: Fora da rotina, porque o ruído das algemas nos alegrava quando era hora de ir ao banheiro. Nas catacumbas de Paso de los Toros, seu tilintar era sinal de que podiam nos tirar para o "banho de sol". Esse som era alegre. Na infância, eu tive um cachorrinho que, cada vez que via a coleira com a qual meu pai o levava para passear, balançava o rabo de tanta felicidade. Se alegrava porque iam amarrá-lo. Depois vinha o medo: o abrir da grade do corredor quando não deveriam prenunciava alguma tortura...

FH: Ou seja, nós, Russo e eu, éramos como os cegos: tínhamos desenvolvido um sentido mais afinado: o da audição; o único que podia nos fornecer algumas informações e nos conectar com o mundo além dos muros; os outros estavam impossibilitados de fazê-lo. Cheguei à conclusão de que a audição, como sentido, tem um grande defeito, a falta de pálpebras, e uma virtude, percebe além das paredes. É uma desvantagem não poder "fechar os ouvidos", como os olhos quando não se quer ver. A audição é um sentido traiçoeiro; é possível agredir por ele com maior facilidade do que com os outros. Eles usavam essa estratégia quando, já cansados de hostilizar nossa parte física, se dedicavam a falar do outro lado da porta, para nos agredir através das palavras.

MR: Em Santa Clara, ao amanhecer, ouvia com inveja o latido frenético que vinha dos canis. Era a hora da ração que recebem com grande alegria; cheguei a invejá-los e estive a ponto de fazer uma solicitação ao comando pedindo que fosse dado a nós o mesmo tratamento que era dado aos cães; algumas das coisas que eles tinham: podiam estar com outros animais, animais de uma mesma espécie reunidos, podiam urinar e defecar em sua privacidade, ficar ao sol, tinham comida, podiam latir e rosnar quando quisessem...

FH: Ou uivar.

MR: Tudo o que nos era proibido.

FH: Lembro-me de uma vez, em Minas, que havia uma grande festa no cassino de oficiais, para a qual tinha vindo civis, meninas e meninos; ao terminar essa celebração, quando a orquestra parou, já por volta das quatro horas da manhã, as pessoas se retiravam e alguns de nós ainda estavam acordados; uma menina gritou, e seu grito chegou até o meu calabouço, e lembrei-me de uma situação idêntica a essa, na saída de uma festa em minha juventude. Uma que eu tinha esquecido. Nesse momento, me lembrei imediatamente. A partir dessa lembrança, entrei em um "transe", na qual reconstruí aquela distante festa e, a partir dela, toda uma relação de minha juventude, tal como se deu e como se poderia ter dado. Fiquei quinze dias nisso.

Quando a realidade está nos sonhos

MR: A única realidade estava nos sonhos. A outra, a cotidiana, era um pesadelo. Para sobreviver, alteramos os termos de realidade-fantasia. Quando me imaginava passeando com minha filha em um parque infantil, de repente, um som, uma batida na porta, um simples pisar, me trazia a uma realidade que não era a minha; "não só de pão vive o homem", também de sonhos. Uma das coisas que nos segurou foi essa capacidade que tivemos e todos os homens têm (porque todos em uma situação assim se comportariam da mesma maneira), de entregar-se aos sonhos, às esperanças, às ilusões que viveram, como no caso que você acaba de contar, e que eu também tinha feito referência.

FH: A fuga da realidade era completamente inconsciente, não voluntária, infelizmente. Vinha quando queria. Deve ser o refúgio dos loucos. Imagino que eles chegaram a situações extremas por qualquer motivo...

MR: Experimentamos (e não acho que seja absurdo) a telepatia.

FH: É claro! Temos que falar sobre ela, agora que estamos tratando de desequilíbrios ou, pelo menos, anormalidades mentais.

MR: Em uma visita, minha família me informou que meus pais haviam sido despejados e tiveram que ir para um asilo. Cheguei ao calabouço, você esperava que lhe chamasse para ver se havia surgido alguma novidade, e o que eu respondi foi: "Estou chorando...".

FH: Melo, 1978.

MR: A partir desse momento, meu pai esteve presente em cada minuto. De dia conversava com ele, dando-lhe apoio, conforto e ânimo; à noite, sonhava. Em um sonho, o velho me diz uma palavra, uma só, não me lembro qual, acho que não existe em qualquer idioma, mas que eu interpretei sem hesitar: "O que você está fazendo aqui? Sente-se, coma". Eu acordei, e lhe transmiti tal qual. Na visita seguinte, aos vinte dias, meu pai chegou com a dona Carmen. Como não podiam entrar juntos, eu a vi primeiro. Então me disse com um pouco de alarme, não muito para que eu não ficasse angustiado, que meu pai talvez tivesse alucinações e me contou o que lhe tinha acontecido no refeitório do lar de idosos: meu pai me viu entrar, parou de comer, ficou pálido, e me disse (na narrativa de Carmen): "O que você está fazendo aqui? Sente-se, coma".

Situações semelhantes aconteceram com a minha filha. Em um momento, imagino um "passeio" com Alejandra: levei-a para conhecer o túmulo de seu tio, meu irmão Leonel — cujo nome adotei como militante na Organização — então, no cemitério, entre ciprestes e lápides, chegamos ao túmulo. Em uma das visitas seguintes, Alejandra me conta que teve um sonho estranhíssimo, que não foi exatamente um sonho, mas uma espécie de estado entre o sono e a vigília, em que se via passeando comigo em um cemitério. Depois de me dizer isso em poucas palavras, muito séria e um pouco espantada, me pergunta: "Em qual cemitério o tio está?".

Pode ser coincidência, mas, como dizia Einstein, "há muita harmonia no espaço para que seja obra do acaso".

FH: Em 1981, quando me comunicaram, que minha companheira — que estava presa em Punta de Rieles e a quem não via desde 1971 — tinha um tumor na coluna vertebral, entre a angústia da notícia, ocorreu-me uma situação dessas que qualifico como auto hipnose, e me transportei a um acampamento com Graciela em um Cabo Polonio que criei. Eu nunca estive lá, mas eu imaginei, meticulosamente; pensei onde colocar as dunas, as rochas, os mexilhões. Depois que defini a geografia (levei uma semana para construir um Cabo Polonio, canto por canto), demorei uma semana decidindo onde ficaria a tenda, onde conseguiria a lenha, o que cozinhar a cada dia e onde passearíamos com Graciela. Tenho certeza de que o que construí é muito melhor do que o real, porque não tem desperdício. Bom, tive uma visita quando eu terminei isso, e nos comunicamos pela parede. E você me contou que Alejandra estivera em Cabo Polonio precisamente esses dias.

Ao notar que este fenômeno telepático acontecia, combinamos que contaríamos através da parede quando suspeitássemos que um estava adivinhando o pensamento do outro.

MR: Exatamente...

FH: ...e que fôssemos objetivos e verdadeiros. De dez vezes que nos chamamos assim, oito, mais ou menos, acertamos.

MR: O que nos levou a isso foi que muitas vezes, quando iniciávamos nossos diálogos matinais, o pensamento que você me transmitia era o mesmo que eu tinha a intenção de transmitir a você...

FH: Eu começava a dizer algo e você me interrompia para dizer o que eu ia dizer. Era normal que você adivinhasse meu pensamento se estivéssemos falando de um acontecimento próximo para ambos ou de algo que fosse lógico e que tivéssemos deduzido. Mas não era nada normal que eu começasse a dizer: “Estive pensando ontem à noite que, quando sair, eu vou acampar em...", e, muito antes de terminar, você me interrompia para dizer: "Sim, já sei, no rio Cufré". Aquilo era para acreditar ou enlouquecer...

MR: Uma vez, em 82 (Alejandra, que já era uma menina de 17 ou 18 anos de idade, e Gabrielita, de uns 10), estávamos em Paso de los Toros e as visitas eram aos domingos...

FH: ...a cada 21 dias, aproximadamente.

MR: De 9 às 10 da manhã, a sua família; de 10 a 11, a minha; de 11 a 12, a de Pepe. Não te levaram às nove, mas me levaram; isso era muito frequente porque, se a sua família não vinha, antecipavam os encontros. Subi aquela escadaria algemado, encapuzado...

FH: Não era uma escadaria! Era uma escadinha; você chama de janelão as janelinhas e de escadaria as escadinhas...

MR: Continuo confundindo realidade e fantasia.

FH: Era a única escada que tínhamos e, para nós, era como a do Palácio Legislativo; escadinha truculenta, sórdida, sinistra, que descia para um porão; de concreto puro.

MR: Onde os ratos corriam. Então eu chego, me colocam no banco que estava colado à privada (a visita era feita em meio aos cheiros)...

FH: ...Privada do quartel mesmo; quer dizer...

MR: Me sento do outro lado da grade dupla; havia seis guardas, armados com fuzil, umas milicas, um soldado com um cão, o tenente com a pistola no cinto... De repente a porta se abre, eu esperava ver a minha família, imaginava que Alejandra viria, e entra uma menina — era verão — usando um vestido, como um pequeno pardal assustado, em meio a todo esse clima. Eu a olho e, por uma fração de segundo, ainda que no pensamento tivesse durado muito mais, custei a identificá-la, porque pensei: "É a Alejandra, não pode ser Alejandra, quantos anos ela tem? Mas em que tempo estou vivendo?". Um minuto depois, me dei conta de que tinha sido um erro e voltei ao tempo real. Então eu lhe disse: "Você é a Gabrielita, não? Você está linda, eu vim aqui porque seu pai está se arrumando, logo ele chegará".

FH: Hoje mesmo você estava dizendo que quando saía de alguns desses devaneios custava um pouco a se localizar no calabouço de novo, então fazia perguntas como: "O que estou fazendo aqui?". Eu também, cada vez que despertava, tinha que me perguntar: "Onde estou? O que estou fazendo?".

MR: Tinha que tocar os objetos para reconhecê-los...

FH: A realidade me assustava, e contabilizava que estávamos aproximadamente em 1979:

"Comecei a ser refém em 73, já passei tanto tempo como refém quanto na escola". Quando completei dez anos naquele lugar, dizia essa outra: "Tenho tantos anos de refém quanto de ensino fundamental e médio juntos, com todas as vivências de uma criança desde que nasce até começar a ter barba e a primeira namorada".

MR: Quando contei a história do sonho do meu pai e a palavra enigmática que me dizia, lembrei-me de um diálogo que tive com Engler. Ele narrava seus transtornos, que foram muito intensos. Tinha afirmado que dentro de seu cérebro, de acordo com o que me contava, havia se instalado um ser sem alma que se chamava "Alicia", e era muito cruel e muito frio, justamente porque não tinha alma. Era ela quem dizia a ele o que tinha que fazer. Se dissesse "coma", podia comer, se dissesse "não coma", não comia. Em uma ocasião, disse a ele uma palavra que não compreendia; pensou que Alicia estava se desvanecendo; um tempo depois teve acesso a um dicionário e descobriu que essa palavra existia e que já a tinha aprendido em algum outro momento; estava armazenada em algum neurônio de seu cérebro ao qual Alicia podia acessar, mas ele não.

Os transtornos de que todos sofremos, em maior ou menor grau, eram produto do regime de reclusão ao qual estávamos submetidos e não como consequência de traumas interiores. Fora dessas condições recuperamos, até onde é possível, a normalidade.

Creolina: Coronel

Perfumol: General

FH: As festas abundantes nos quartéis fazem parte da "cultura militar". É uma subcultura, supracultura, infracultura, uma... Não sei como chamá-la.

MR: Incultura.

FH: Mas existe. Uma forma cultural que não se comenta nas páginas do jornal nem nas páginas...

MR: Sociais do "El País". Ou talvez sim.

FH: Inclui, como um de seus ingredientes fundamentais, o hábito de organizar festas frequentes e por qualquer motivo.

MR: Que durante o processo se multiplicaram, com uma característica que poucas vezes se quebra: a divisão rigorosa de classes. O rancho que os soldados comem não é o mesmo dos oficiais, e os oficiais nem tocam no que é servido aos superiores.

FH: No hospital há uma sala para oficiais e superiores e outra para soldados. O tratamento é bem diferente.

MR: As festas às vezes eram para os praças e seus familiares, às vezes para os oficiais e seus familiares e poucas vezes se generalizava.

FH: Convidavam civis, personalidades do povo. Essa diferença existe dentro das estruturas culturais do Exército, e é tão bem aceita e incorporada à sua concepção de mundo que a eles parece completamente normal.

MR: Para eles o contrário disso é anormal. Para um soldado era absurdo que lhe oferecessem a comida dos oficiais. E se alguém lhes dissesse que isso não tem pé nem cabeça, entendiam como uma observação irônica, cínica ou, no melhor dos casos, extravagante.

FH: Diante de uma situação como essa ficam te olhando, coçando a cabeça.

MR: Jamais poderiam nem pensar num estado em que possa chegar a compartilhar uma situação similar à de seus superiores.

FH: Em nossa jornada pelos quartéis, fomos incorporando a forma de falar dos soldados. Uma das coisas que chamou a atenção de nossas famílias quando nos libertaram foi o fato de usarmos uma linguagem desconhecida: a dos soldados; já éramos "milicos antigos".

MR: Tínhamos mais anos de "serviço" do que muitos deles.

FH: Um soldado almeja cumprir os quinze anos de quartel, coisa que poucos conseguem, para poder se aposentar.

MR: Nós quase nos aposentamos depois de tanto tempo presos.

FH: Ouvindo as conversas 24 horas por dia, estando isolado de qualquer outro âmbito cultural, fomos incorporando sua linguagem. Agora polimos a nossa, civilizando-a nos termos civis.

MR: Assim que fomos libertados, falávamos suas gírias: cana, rancho, tumba, dar uma geral...

Voltando ao assunto das festas. As bodas dc Camacho ou as comilanças de Gargântua e Pantagruel não passam de tira-gostos se comparadas com as festanças que eram dadas nos quartéis.

FH: Nós sabíamos que haveria uma pelos gritos dos leitões levados ao matadouro.

MR: E sabíamos que viriam grandes autoridades quando apareciam com o "perfumol". Normalmente davam uma geral — no máximo — com creolina.

FH: Nos quartéis há diversas maneiras, todas elas bem regidas pelo costume, de dar uma geral. Geralmente, a rotina consiste em passar um pano, às vezes seco — ou seja, só para cumprir o ritual — ou uma dar uma varrida bem superficial.

MR: Mas quando se sabe que um comandante ou um major virá supervisionar, o que faziam era...

FH: Passar bem a vassoura e esconder o lixo em algum canto.

MR: Isso bastava. Inclusive, se o general passasse e encontrasse a sujeira atrás de uma árvore, se sentia respeitado. A questão é não deixar que a encontrem.

FH: Agora, se quem vem supervisionar é um coronel, um general, nesse caso aparece a água...

MR: Com um pouco de creolina, como dita a regra.

FH: Caso seja um coronel, é certo. Seria ir contra a jurisprudência, os costumes, a cultura e a natureza não jogar água e um pouco de creolina; isso quer dizer que o cheiro de creolina significa: coronel.

MR: Quando sentíamos o cheiro de "perfumol", cuidado: general no pedaço.

FH: Esse cheiro equivale a general. Se um general chega para supervisionar e ao invés de perfumol sente cheiro de creolina...

MR: Leva preso o comandante por completa falta de respeito a um superior. Os generais do Exército uruguaio se identificam com o perfumol, os coronéis com a creolina.

FH: É um avanço da tecnologia moderna. Quem não sabe que essas coisas fazem parte do regulamento verdadeiro do Exército uruguaio, está muito desinformado. Faz parte da cultura. Seria como não conhecer a luz vermelha e andar pela 18 de julho. Mas voltemos às festanças.

MR: Quando escutam nossas histórias pode ser que achem um pouco insólito que nas festas natalinas, de fim de ano ou de reis, chegasse ao quartel de Trinta e Três uma quantidade tão grande de frangos que a tropa fazia turnos para sair e levar alguns para suas casas, voltavam e continuavam comendo. Foi o único lugar que vi, ou fiquei sabendo, que roubavam frango assado e levavam dentro de malas. Os cabos, para serem espertos — porque seria grosseiro carregá-los em bolsas ou em uma mochila — levavam os frangos devidamente prensados em grandes malas. Quem vai suspeitar que dentro delas estão três frangos escorrendo deliciosos líquidos?

FH: Quando dizemos roubar, precisamos acrescentar aspas. A técnica no Exército, e isso também faz parte dessa cultura, é a seguinte: se alguém leva o frango de forma muito evidente, vai preso, não pelo que fez, mas por não fazer direito.

O tema muda e já não se pode falar exatamente de roubo. Cada cultura tem sua moralidade bem definida. O roubo não é roubo. É um mandamento na concepção militar de mundo.

MR: Nas festas davam um "sumiço nos presos". Não queriam que estivéssemos "presentes". Então nos amarravam e nos escondiam na caçamba de um caminhão, num sótão, em qualquer buraco...

ROSÁRIO, WILLI, TOBA, ZELMAR

MR: Em uma visita, meu velho já chegou me contando como estavam as coisas pelo bairro, com os vizinhos, que nunca o deixaram sozinho, sobre a incrível solidariedade do pessoal... E com esse mesmo sonzinho monocórdio, baixo, sereno, de coisas corriqueiras, quando percebe que o oficial não está prestando muita atenção porque são notícias sem importância, no mesmo tonzinho vai dizendo: "Mataram o Zelmar", continua conversando, "mataram o Gutiérrez Ruiz", e continua falando do bairro. Depois que deu a notícia, olhou-me com a intensidade de um pai, mas também de um companheiro, e fez um gesto leve de cabeça, como se dissesse "isso foi um golpe duro".

FH: Eu não pude saber desse jeito, a única coisa que ouvi foi um comentário: "Michelini também morreu". E no outro dia: "Agora nós mandamos na Argentina também". Seu velho falava espanhol com dificuldade e enquanto você tinha facilidade para entendê-lo, os oficiais não entendiam porra nenhuma.

MR: Isso do Zelmar me fez lembrar de algo que com o tempo pudemos ir moldando e hoje está completamente esférico, e é sobre um acontecimento em Tacuarembó, em um dos interrogatórios a que fui submetido. Em uma das sessões, Gavazzo recebeu uma ligação urgente do Comando Geral do Exército. Quando voltou, disse: "Ligaram pedindo que eu adote medidas de segurança, porque seu amigo Zelmar anda dizendo no Senado que eu estou usando o maçarico em você. Vou adotar as medidas, mas é melhor ele fazer o mesmo".

Como é sabido por todos, Gavazzo participou no comando da operação que cruzou o Rio da Prata e pôs fim à vida de Willi, Rosário, Toba e Zelmar. Esse Gavazzo foi o mesmo que nos comunicou, na presença do comandante de Santa Clara de Olimar, em nome do comandante geral do Exército, que iam nos fuzilar por qualquer incidente que ocorresse do lado de fora.

A rádio informou que o presidente da República, Sr. Julio María Sanguinetti, acabava de designar como Chefe da Casa Militar o general Ignacio Bonifacio, o mesmo que, em 1973, era comandante do 7º Batalhão de Cavalaria em Santa Clara de Olimar.

FH: Em 13 de julho de 1976, houve um clima de alerta geral parecido com o de 13 de janeiro.

MR: O nervosismo atravessava as paredes, havia inquietude e passos apressados em cada movimento da tropa.

FH: Pessoas armadas para guerra, o quartel convocado, estado de alerta. Essa comoção durou uns quatro dias. Não foi como a de janeiro, que durou pouco. Os soldados escutavam rádio. Consegui ouvir: "Bordaberry" e "partidos conservadores". Mais ou menos duas semanas desde o início do alerta, aproximadamente no dia 27 de julho, fomos preparados para uma nova transferência, que veio a coincidir com esse clima.

MR: Foi a mais longa e difícil que tivemos: durou um dia inteiro. Quando nos desceram dos caminhões, escutei a voz do Pepe, que estava com o capuz na cabeça, dizendo: "Ei, estou caindo, vou cair... vou cair". Nos calabouços nos colocam de pé. Não nos levam ao banheiro.

FH: Deixaram-nos assim por vários dias. Debaixo do capuz, pude ver que havia um pão jogado pertinho do meu pé. Recolhi do chão. Estava bem duro, mas comi com grandes dificuldades e antes que me colocassem as algemas da unidade que nos recebia.

MR: No corredor tinha um capacete de metal e dentro dele uma carteira de cigarros. Chamou minha atenção o fato de estarem armados para a guerra, medida que excepcionalmente era adotada para escoltar prisioneiros. Peço para ir ao banheiro e me respondem com um insulto e uma pancada. Eu sentia uma vontade feroz. Sinto que a mão veio pesada, porque escuto a voz de Pepe pedindo a mesma coisa e respondem da mesma maneira. Você estava mais distante... Então dou uma dessas contorcidas dignas do Circo de Pequim. Estando algemado por trás, consigo de alguma maneira alcançar o zíper da calça, fazer correr com muito esforço e dor nas mãos, mas com a alegria da conquista, colocar para fora como foi possível e...

FH: "Graciosamente", como diria o Quixote...

MR: Verter, como diria Sancho, "minhas águas menores". Sacudiram-me, bateram-me, mas não puderam interromper o jato. E assim foi minha chegada à Laguna del Sauce.

FH: Onde os colchões eram sacos que se abriam para quem quisesse checar seu conteúdo. Tinha lã suja, uns veludos; ali eu encontrei carrapichos, que comi um por um. Comi todos eles.

MR: Chegamos a desenvolver um paladar de vaca, que é capaz de comer carrapichos sem se espetar.

FH: É que com a fome que íamos passar em Laguna, Russo, poderíamos mastigar até parafusos.

Fome e sadismo

MR: Trouxeram um prato raso. Colocaram uma colher em nossas mãos algemadas e serviram caldo. Nos dias que decorreram, esse líquido constituiu nossa única alimentação. Eu mastigava o papel higiênico. Como era de origem vegetal, poderia nutrir. Provei o sabão, tornei-me um insetívoro: os bichinhos do mofo eram crocantes, as moscas eram azedas.

FH: Em 1976, Laguna del Sauce se torna sinônimo de fome. Essa medida foi aplicada por um tenente cujo nome não quero nem lembrar, que encontramos anos depois em outro quartel. Fazia a guarda a cada dois, três dias, mas como fazia parte da Inteligência, dependíamos dele cotidianamente. Éramos objetos de sua administração. O homem (em minha opinião, era um doente mental) decidiu — a meu ver, indo além do que era permitido — brincar com a fome sem saber que era algo perigoso. As pancadas podem se curar, a sede não se pode prolongar muito; a fome produz danos irreparáveis e deixa sinais evidentes: uma magreza brutal.

MR: Quero falar um pouco sobre a patologia dos oficiais mais violentos. Existe a tese de que os que mais bateram eram os que mais tinham desenvolvido dentro de si as tendências sádicas que, de alguma forma, estavam latentes em todos os homens. Estou um pouco relutante a considerar como doentes aqueles que se enfureceram mais durante as torturas, porque seria limitar a questão a graus de patologia. Esse oficial que tinha essa conduta com a gente, era, simultaneamente, um dos mais queridos pela tropa. Ouvíamos os soldados dizerem que sempre que tinham um problema, dirigir-se a esse oficial significava ter tranquilidade porque eram atendidos como se o fossem por um pai que resolvia as coisas. Ou seja, era um indivíduo que tinha a suposta patologia somente no que se referia a nós. Acho que na raiz do assunto há uma questão mais profunda. A metodologia que o Exército usou foi fazer todos participarem: enfermeiros, médicos, oficiais, a tropa; todos tinham que "se sujar" de alguma maneira, como garantia de que ninguém pudesse dizer: "fulano quem fez". A segunda questão é que se instaurou um clima de deterioração moral: o menosprezo, a humilhação, a tortura, tornaram-se coisas cotidianas e naturais. Exceder-se era normal. Dentro das circunstâncias em que atuava esse oficial, o que fez foi ultrapassar levemente a "normalidade" com a qual todo o Exército estava acostumado no que dizia respeito aos prisioneiros. Por isso, sem fins polêmicos, rejeito a ideia muito difundida — também acontece na Argentina — de que Astiz e Suárez Mason são sádicos. Não. A essência do sadismo, como patologia dentro do Exército, é absolutamente secundária; para mim, a constante é a "normalidade" em que se transforma um fato anormal. Podem ser torturadores burocráticos, fanáticos e, em alguns casos, patológicos. Mas não são a constante.

FH: Acho que valem as duas interpretações. Mas vi nesse oficial e em outros a exacerbação do sadismo; e eu penso que o clima, o ambiente que o rodeava permitia, como um terreno fértil, a proliferação do micróbio. Esse homem — eu ouvi posteriormente comentários de soldados — era muito estimado, como você disse, pela tropa, o que não significa nada, porque a gente simplifica muito quando acredita que um sádico é sempre sádico. Pode ser um bom pai de família, pertencer à sociedade protetora de animais, ser um beato e ir à igreja todos os domingos, para logo então descontar seu sadismo em algo ou alguém.

MR: Tenha em conta que todos os oficiais, especialmente todo o pessoal da inteligência, participavam de cursos em que eram meticulosamente "manipulados" com fundamentos ideológicos; lhes diziam que éramos "traidores da pátria", "assassinos", "desprezíveis"; tudo isso ia formando neles um critério ideológico. Lembre-se que eram fascistas convictos.

FH: Sabe o que acontece? Sem que me tenham incutido nada disso, conheci no presídio de Punta Carretas pessoas que cometeram crimes que estão além de tudo que se possa imaginar; não vou entrar em detalhes. No entanto, convivi com essas pessoas e nunca tive tendência...

MR: Concordo quando diz que um sádico ou um torturador não é assim sempre. E eu sei que há casos em que o comandante da unidade prende sua esposa por um erro e também tem essa postura com seus filhos: é uma projeção no âmbito familiar do critério incutido na Escola Militar e nos quartéis.

FH: Apesar de saber, sem que ninguém me tivesse dito, que algumas das pessoas que conheci em Punta Carretas haviam cometido crimes horrorosos, nunca pensei em descontar nelas minhas veias sádicas.

MR: Mas não se esqueça de que os militares tinham um incentivo: para eles, quem fosse pior com a gente fazia melhor carreira dentro do Exército. Agir dessa forma acumulava méritos em seus serviços. A conduta que este oficial teve com a gente em algum momento poderia ter sido reprovada pelo comando, pois havia perdido o controle e isso poderia comprometer seu chefe; mas, no entanto, serviu-lhe para que ganhasse uma bolsa de estudos no Brasil e fizesse um curso sobre inteligência e vigilância de presos.

FH: Por comentários que ouvimos, soubemos que quando ele ensinava sobre o comunismo, ficava muito contrariado e chorava no meio da aula. Os soldados, que gostavam muito dele, ficavam impressionados. O cara era um fanático, lembrava esses pregadores de certas seitas religiosas, que por trás de um microfone são paradoxos, porque veem o demônio por todos os lados. Nós estávamos à total disposição deste homem, que gozava de impunidade dentro das leis do jogo dos quartéis. Começou a nos acompanhar de perto para ter certeza de que não íamos ter comida.

MR: Vai fazer escola. Nas seguintes estadias, em Engenheiros 4, também não vamos comer.

FH: Você comia o papel. Eu, o desodorante.

MR: O pessoal do quartel tinha carne duas ou três vezes por semana. Nos davam os ossos que já haviam roído e nos prendíamos a isso em busca de cálcio, desejando ter os dentes de um cão para triturá-los e ingeri-los.

FH: O café da manhã, vamos chamá-lo assim, serviam da seguinte forma: vinham caminhando devagar para que eu não ouvisse; abriam a porta do calabouço rapidamente e me jogavam um pão na cabeça. A primeira vez fui surpreendido por um violento ataque, mas, em outras oportunidades, pegava rapidamente o "projétil" e o jogava novamente; depois continuei desenvolvendo essa tendência para a luta com o pão, porque os homens, sentindo-se agredidos, voltavam a jogá-lo em mim, fechavam violentamente a porta e, às vezes, como resultado dessa guerrilha, eu ficava com dois ou três.

MR: O milagre da multiplicação dos pães.

FH: Mas, outras vezes, não restava nenhum, porque os que eu jogava saíam pela porta e não voltavam.

MR: O antimilagre.

“Não queremos falar com esse inseto”

FH: As janelas dos calabouços, além das grades, tinham sido fechadas com grossas tábuas para o lado de dentro. Entre duas tábuas, perfurei a massa com a unha e abri um glorioso buraquinho para o mundo. O tampava com papel mastigado para evitar a entrada do delator raiozinho de luz na escuridão do calabouço. Quando queria olhar, tirava o papelzinho e abria uma verdadeira janela de onde se via o fundo do quartel, uma paisagem de árvores, gramado, edifícios e ali, longe, algumas montanhas. A primeira vez, desde 1973, que via um horizonte. Passei meses vendo o mundo, boquiaberto, com um só olho.

Quando chegamos a Laguna del Sauce, observamos, entre dias sendo forçados a ficar de pé e tratamento rigoroso, que o quartel estava em estado de alerta extremo e que se consideravam “a república do Leste”, cujo presidente era Gregorio Álvarez.

MR: Essa unidade era anti-Goyo. As opiniões que se espalhavam sobre ele eram depreciativas.

FH: A base aeronaval que estava ao lado era vigiada como se fossem inimigos. Os soldados e os praças diziam: "Há uma briga entre os velhos".

MR: Em Minas, soubemos que Álvarez solicitou a outra divisão, para um desfile, artilharia e tanques. Na hora de devolvê-los, quando o pessoal de San Ramón apareceu para buscá-los, a entrega foi negada e essas armas ficaram, mas com a ameaça de resgate em missão de guerra.

FH: Você se lembra como era o "banho de sol" em Laguna del Sauce? Éramos levados aproximadamente uma vez a cada quinze dias.

MR: Éramos amarrados com corda de marinheiro, como se estivessem atracando um navio no cais. Assim íamos pelo corredor, até a caçamba de um caminhão, onde tivemos que subir e descer por nossos próprios meios. Puxados assim, nos levavam ao banho de sol, que era contra o muro de uma quadra de pelota basca.

FH: Encapuzados.

MR: E a chutes. Com essa corda nos faziam andar de parede a parede.

FH: Tateando a quadra com o pé para não cair ou sair do caminho. O banho de sol era isso. Imagina o trabalho que lhes dava fazer toda essa operação.

MR: No início era divertido. Até que se cansaram das graças e, então, o banho de sol, felizmente, deixou de existir.

FH: Vi pelo meu maravilhoso buraquinho mulheres encapuzadas descerem de veículos militares, conduzidas por milicas. Foi neste quartel onde, um dia, me deram um prato que vinha com aquele famoso nome "R. Lantes" e o número 36. Há dois anos havia recebido louça com o mesmo nome; ia encontrando vestígios humanos ao longo do naufrágio; impressões de outro companheiro que, ao que parecia, íamos seguindo.

MR: Um soldado "perseguido" por um cabo teve um ataque de nervos, foi até a Companhia, pegou um M-1 (ainda eram usados) e saiu aos tiros com o cabo, que se salvou milagrosamente; ouvíamos comentários: "Mas com a pontaria que o Fulano tinha, que desgraça não ter levado um tiro!". O soldado foi levado à justiça militar e depois a um dos calabouços que estava vazio. Uma noite fiquei surpreso por uma reflexão feita por alguém que resmungava e pensava sobre o assunto: "Então temos assassinos dentro do Exército".

FH: Vou contar a história de uma derrota. Eu estava com uma postura hostil; já não tínhamos nada a perder, então decidi iniciar uma greve de fome, o que não significava nada. Fazê-la em um lugar onde nos deixavam passar fome era nada. Comuniquei que não iria mais comer.

Um soldado abre a porta e me diz: "Mas você não vai comer? Veja bem... temos arroz com leite...". Não acreditei. Quando esse homem fechou a porta, vi que realmente — já tinham levado o rancho, porque eu não tinha comido — haviam deixado um delicioso copo contendo arroz com leite até o topo. "Tenho tanta má sorte que justo no dia em que faço greve de fome dão arroz com leite?" — eu pensei — e, apesar da fome, eu não o comi. Foi uma luta dura, porque aquele copo ficou ali durante várias horas até o tirarem.

MR: Acho que frente a isso, Jesus teria sucumbido às tentações do Diabo.

FH: Sim. À noite voltou a acontecer o mesmo e deixaram o arroz com leite. Então, eu tenho que confessar que procurei e encontrei um argumento para comer. "Mas, se eu — eu disse — estou fazendo greve para que nos deem de comer, já ganhei: até arroz com leite eu consegui." E eu o comi. No outro dia senti fome outra vez, mas já estava desmoralizado. Eu imaginei que facilmente me derrotariam; que me ofereceriam iguarias para depois levá-las embora. É um contrassenso fazer greve de fome exigindo mais comida.

MR: A visita, neste lugar, era em um calabouço. Nos levavam, com as famigeradas algemas, com o saco na cabeça e dois ponchos em cima. Às cegas, jogando-nos contra as portas, nos faziam tropeçar e nos jogavam no calabouço. Levavam "pacotes" às famílias. Relatei antes que, durante uma visita, meu pai, ao me ver sangrando, desmaiou.

FH: Os familiares viam como íamos piorando; nossos aspectos eram horrorosos. No meio de tudo aquilo, tínhamos que falar de temas triviais, como se nada estivesse acontecendo. Mas não precisávamos dizer nada para que as famílias fizessem intensos esforços, pois perceberam que em Laguna del Sauce morreríamos se a coisa continuasse daquele jeito.

Em uma dessas visitas, houve uma ligação de longa distância para o oficial responsável por nos vigiar; o cara não conseguia nem suspender temporariamente a visita, nem estar lá. Saiu rapidamente e encarregou o primeiro soldado que viu para nos vigiar. O soldado não sabia o que tinha que vigiar, então, aconteceu que pela primeira vez, em anos, fiquei a sós com a minha visita; o guarda ficou a uma distância que nos permitia falar de qualquer coisa sem sermos ouvidos. Minha família — rapidamente, porque sabia que o oficial estava por vir — disse-me o que achava que podia ser útil. "Estivemos na Divisão nº 1 para pedir providências; falamos com o Fulano de Tal e quando dissemos o que vocês estão passando aqui, nos respondeu o seguinte: 'Com esse filho da puta do Álvarez, nós não queremos saber de nada. Além disso, não podemos fazer nada, e não queremos nem falar com esse inseto'." Nos disseram isso em nome da Divisão 1.

MR: Minha família se reuniu com o superior desse chefe que você está falando. Os receberam com muita educação e se comoveram com a situação. Quem nos atendeu era um inimigo político de Álvarez, que disse que gostaria de fazer, mas não podia. A interpretação que faço é que esse general, que não se caracterizava por suas ideias liberais, nem por ter tido uma atitude menos rigorosa com os presos, queria ajudar.

FH: Nessa mesma ocasião, me dizem algo que me desestabiliza por completo: que o governo dos EUA estava protestando contra a violação dos direitos humanos no Uruguai; me falaram de Anistia. Enfim, recebi várias notícias. Para o tipo de informação que tínhamos recebido até esse momento, aquilo era incomum; dava para pensar que a nossa família tinha ficado louca. Fui para o calabouço com a cabeça bagunçada, tanto pelo o que me disseram a respeito do chefe da Divisão como pelo papel que os EUA e outros organismos internacionais, inclusive a OEA, estavam assumindo.

Essa visita "estranha" em Laguna del Sauce vai ser a única desse tipo ao longo de todos esses anos.

"É necessário se livrar do Carter"

FH: Por aquele buraquinho, eu pude ver um dia algo que há muito tempo eu não via: eu estava andando, como sempre de um lado para outro, quando de repente ouvi as vozes de várias crianças. Imediatamente abri minha janela. Eram os primeiros que eu via, depois de tanto tempo, brincando, e foram os únicos durante anos.

MR: Eu não vi nenhum. Entendi a crueldade de viver em um universo sem crianças. Quando nos tiraram da prisão, já nos umbrais da liberdade, o que observei mais intensamente pela janela do ônibus foram as crianças na rua; foi o reencontro com algo que havíamos perdido.

FH: Uma das coisas mais horríveis que experimentamos foram algumas crianças que vinham até os nossos calabouços para nos "atormentar".

MR: Ao meio-dia, vozes de crianças e idosos podiam ser ouvidas nos quartéis; vozes enrouquecidas que chegavam à guarda do quartel, depois de ter comido e antes que retirassem o rancho. A tropa distribuía a refeição entre os pobres que chegavam pedindo. Crianças com suas latinhas para pegar uma porção de polenta e velhos pedindo um pouco de comida. Há uma lei, da época de José Batlle y Ordóñez, que determina isso. Muitas vezes, os guardas se recusavam por causa trabalho que dava — embora eles não estivessem fazendo nada além de matear — a ir à cozinha e encher as latas. Mas também ouvíamos comentar alguns soldados sensibilizados: "Parece mentira que essas coisas aconteçam enquanto jogamos todos os dias, para os porcos, baldes e baldes de comida". Lembro que havia uma velha desequilibrada...

FH: Que ia pedir comida em Santa Clara de Olimar.

MR: Muito humildemente e sempre com alguma piada que... Ela tinha percebido que quando um oficial chamava a um guarda, ele gritava "Número!" e ela dizia "Número, numerinho", e pedia comida. Quando ela estava saindo, ouvíamos os comentários dos guardas: "Essa velha ainda pode cair, não diz nada com nada, está tonta".

FH: Em Laguna del Sauce, alguns guardas colocavam o rádio em alto volume ao lado da porta do calabouço, para não dormíssemos. Isso nos permitia, em raras oportunidades, ouvir alguma notícia, porque, embora tocasse música, de repente, saía alguma informação que não dava tempo de desligar. Assim, ficamos sabendo de maneira fracionada, da morte de Mao Tsé Tung, que o Clube Atlético Defensor foi campeão uruguaio, e também de um tango do "Polaco" Goyeneche...

MR: Ficava feliz em ouvir a voz de Carlos Gardel.

FH: O mais importante de tudo o que ouvi, mas acho que vocês não porque naquela noite o "cantor" estava posicionado em minha direção, sintonizado na CX20, o resultado das eleições nos Estados Unidos, transmitido pela embaixada. Assim fiquei sabendo que havia dois candidatos: um que se chamava Jimmy Carter, e o outro Ford; os soldados devem ter pensado que era um assunto que não me interessava.

MR: Eu não escutei o noticiário, mas ouvi comentários de oficiais, alguns que torciam por Ford até a morte.

FH: Na opinião da guarda, isso não era um noticiário; era uma transmissão bastante chata. Eu nem sabia para quem deveria "torcer". Somente soube quando a rádio disse que Végh Villegas estava na embaixada com um bóton de Ford em sua camisa. Era o candidato da tirania.

MR: Você tinha que ter a outra...

FH: Para "descartar".

FH: Consegui descobrir sobre a vitória, mas não tinha noção das implicações políticas.

MR: Quando voltei do Hospital Militar, um capitão veio ver como eu estava; ele se manifestou, pensando em voz alta, sobre como resolver o problema Carter; com as mesmas coordenadas que atuava dentro do país, teve a grande ideia: precisavam se livrar dele.

FH: A partir de então, iríamos ouvir como algo natural, que Carter era comunista. O que, somado às notícias que vieram por meio da minha família, nos forçou a refletir de maneira diferente sobre o mundo...

MR: A República Socialista dos Estados Unidos.

MR: Acumulando-se lentamente ao longo de semanas e meses, a fome vai produzindo resultados. Diarreia e náuseas permanentes (náuseas que até hoje eu tenho), desmaios e tontura, infecções. Isso nos ligará, um pouco mais, ao serviço de saúde...

MR: Certamente você vai se lembrar que havia dois momentos em que se sentia muito tonto: quando nos levantávamos e quando íamos ao banheiro, onde tínhamos que nos agachar; nessa posição, o oficial se aproximava e nos batia...

FH: Chutes para que não conseguíssemos...

MR: A gente nem se dava conta, ele chegava disfarçadamente, colocava o capuz na cabeça e dava um grito que nos fazia pular. Quando nos levantávamos, tínhamos que nos agarrar às paredes e muitas vezes caíamos.

FH: A diarreia causa febre permanente. Havia dois médicos em Laguna del Sauce. Reconheci o veículo de um deles pelo buraquinho: um Volkswagen; era mais velho, maduro, andava sempre com pressa, vinha com o seu carro a toda velocidade, atendia seus casos, entrava nas companhias, saía, entrava no local onde estavam as companheiras presas, saia rapidamente; vivia com pressa. Por causa de todas as nossas doenças, vinha sempre. Nos tratava friamente, mal entrava no calabouço, e nos olhava da porta — Qual é o problema? O que você tem? O que está sentindo? — Não dizia o que iria nos dar, saía e, em seguida, o enfermeiro trazia os medicamentos que ele tinha receitado; sempre dipirona. Seja qual for a doença que tivéssemos, a receita seria dipirona, e isso aconteceu ao longo de vários anos nos quartéis.

MR: A fórmula milagrosa.

FH: A dipirona serve para fraturas, câncer, dor de cabeça, dor de estômago, para os calos... Tudo no Exército uruguaio se resolve com dipirona.

Havia um outro médico, muito mais jovem, aparentemente recém-chegado; esse era um "gozador".

FH: Chegava, entrava no calabouço, fingia ser bom: "Bom dia, o que aconteceu com ele? Mas que absurdo! Nós vamos resolver isso!".

MR: "Vamos dar-lhe fruta, comida, calmantes..."

FH: Depois fechava a porta e começava a rir, porque estava sempre cercado de amigos, oficiais da unidade, e caçoava da gente. "Esperem sentados!", e depois ria.

MR: Um dia me barbearam, me deram banho e me levaram à enfermaria; esse jovem médico me atende. Como eu tinha saído do hospital, ele fez uma série de perguntas minuciosas sobre meu estado de saúde. Vejo que anota organizadamente tudo o que estou dizendo, com uma particularidade: ele muda tudo. Eu estava sem capuz e sem algemas na frente dele, sentado. Disfarçava os sintomas, as minhas dores, de tal forma, que, independentemente do que eu dizia, ele alterava o diagnóstico. Agora você vai ver o porquê. Quando isso acabou, eles me levaram de volta ao calabouço, mas me tiram na mesma hora; me transportam adequadamente à ala do quartel onde estavam os escritórios. Chego em frente a uma porta; ali eles tiram as minhas algemas e o capuz; me jogam e fecham a porta. Era a visita de um juiz, capitão de navio Azzarola, que tinha um assistente de sobrenome armênio. Não haviam autorizado que eu fosse a Montevidéu, então o juiz foi até lá. Azzarola morreu tempos depois, em um acidente que foi considerado suspeito. Foi ele quem pediu um relatório médico para saber se eu era capaz de prestar depoimento.

O armênio me disse: "Bem, nós somos mais ou menos da mesma origem, armênio, judeu, eu trago uma boa notícia, seu pai está muito bem. Ele foi muitas vezes ao tribunal, para ver o que podia fazer por você; dissemos que estamos fazendo o possível, também garanto que o capitão de Navío Azzarola faz tudo o que pode, mas aqui há ordens superiores. Pelo menos trouxe a mensagem de que seu pai está bem". Nisso entra o capitão Azzarola e se senta. Eu comento: "Seu assistente acabou de me dizer que você faz o que pode por nós, eu gostaria de saber se você pode fazer algo agora". "Se estiver ao meu alcance, como não" "Você poderia pedir um copo de leite e dois pães pequenos?" Então o homem ficou calado; depois me perguntou: "Você está passando fome?".

Vou narrar a situação a você. Ele registra e me diz: "Olha, se eu pedir um copo de leite e dois pães pequenos, eles vão perceber que é para você, vou pedir algo para mim e com prazer compartilhamos". Pediu um café com leite, me ofereceu um cigarro — nós ainda não fumávamos; e o que mais me lembro desse interrogatório foi aquele café com leite, a história do copo de leite, os pães pequenos, e o cigarro que eu fumei com a tranquilidade de saber que meu pai estava bem.

Uma desgraça com sorte

FH: Acho que o dia das Armas de Engenharia coincide com o da Artilharia; Santa Bárbara[vi], mais ou menos em 19 de dezembro. Como a unidade de Engenheiros da Divisão do Exército 4 fica em Laguna del Sauce, acontecerá a festa correspondente ao dia das armas. Pelo buraco da minha janela, observo os preparativos da festa e vejo quando chega o helicóptero que traz o comandante da Divisão, senhor Gregorio Álvarez. Antes, haviam chegado muitos veículos oficiais; Mercedes-Benz.

Todo o quartel general, oficiais, civis convidados, formavam uma longa e organizada fila na praça de armas, em frente a vários lençóis colocados no chão como um sinal para o helicóptero que, ao se aproximar, atraiu, "sugou" um desses lençóis, que se enroscou nas hélices... Houve um grande estrondo e o helicóptero "caiu" de cerca de quatro metros. Uma das hélices quebradas saiu pelo ar; os soldados começaram a gritar, alertan-

vi Santa Bárbara de Nicomédia, padroeira da artilharia. Seu dia é comemorado em 4 de dezembro.

do um companheiro que estava de sentinela nas imediações do quartel, pois uma enorme hélice parecia estar a ponto de cair sobre ele... eu a perdi de vista perto de um dos postos. Houve grande agitação porque isso quase matou o general. O comentário dos guardas: "Foi uma desgraça sem sorte". "Porque, em primeiro lugar, podia ter matado o velho e, em segundo, se essa hélice tivesse saído bem baixinho, pegaria de uma só vez aquele bando de velhos que estava na praça de armas", eles diziam.

Quero destacar isso: os soldados e os praças odeiam os oficiais. Escutávamos constantemente comentários similares; isso não significa que tivessem simpatia por nós.

MR: No quartel, impera a lei do medo. As restrições estão marcadas por punições: funcionam a rigor. O soldado tem que obedecer porque pode ser dispensado, preso e transferido à Justiça Militar. Ele acumula um ódio cego e concentrado ao oficial que corta sua saída, que o separa da família, o atormenta com punições, o humilha. Um ódio contido que surge não apenas em comentários.

FH: Naquela tarde, depois da festa, aconteceria algo que teria consequências para nós. Vejo, pelo buraco, que estava vindo para o calabouço uma comitiva, onde também estava Álvarez.

MR: Exatamente, sua presença foi percebida porque houve um silêncio total. Não dava para ouvir uma mosca. A guarda ficou em posição de "sentido", quieta.

FH: Essa numerosa comitiva percorreu os calabouços em silêncio; dava para ouvir o som dos passos; eles nos olhavam através das janelinhas e devem ter visto algo; acredito que ficaram surpresos com o nosso estado físico.

MR: Naquele dia, quando distribuíram o rancho, o guarda discutia: "Não, não! Não seja cruel! Essas pessoas só comem o caldo". "Não, não, há uma ordem superior: hoje eles comem" Então eles nos deixaram uma porção da festa, uma miragem, um sonho com aromas. A comida saía do prato: havia duas abobrinhas recheadas, uma porção formidável de carne, uma quantidade de salada que transbordava, uma xícara com pudim, dois pães! Eles nos mostraram aquilo e disseram: "Quando terminar, olhem, há mais". Nos perguntávamos se não seria uma alucinação.

Esse foi um vislumbre incomum que tivemos naquele dia. Eu tinha o estômago tão comprimido por falta de uso que fiquei cheio nas primeiras mordidas. Os sucos gástricos ferviam, mas os músculos abdominais se contraíam. E eu não podia guardar a comida que sobrava no calabouço!

FH: Meu paladar ardia. Doía...

MR: Então eu tive que fazer das tripas o coração para poder terminar aquele prato. Quando eles ofereceram o segundo (como não!), eu aceitei. Sentia que estava me fazendo mal; era uma luta entre aproveitar a comida que me davam naquele momento e o mal que estava me causando. É que o nosso estado era tão ruim que quando fomos transferidos de lá, Pepe teve que começar a se alimentar em colheradas de chá porque não tolerava a comida.

FH: Cada vez que saía de uma dessas situações de grande fome, que foram várias, notei que nos primeiros dias, o paladar ficava irritado, criando dificuldades para comer.

No outro dia, uma caminhonete gigantesca levou os restos do helicóptero e, surpreendentemente, na hora da sesta, vários caminhões levaram os nossos.

Tanto aparato para três esqueletos!

MR: Fomos parar em Minas.

FH: Um lugar conhecido.

MR: Que nos era familiar.

FH: Os mesmos calabouços em que tínhamos estado.

MR: Fui instalado no meu habitáculo; havia um piso emborrachado. Naquela noite choveu e a água começou a escorrer pelas paredes do calabouço, que inundou.

FH: Quando o comandante e os outros oficiais foram ao meu calabouço — eles já tinham tirado o meu capuz e me desamarrado — vi em seus olhos o sinal inequívoco de horror e surpresa.

MR: A impressão que tiveram ao nos ver.

FH: Imediatamente ele começou a gritar, pedindo a presença dos médicos, que trouxeram uma balança e fizeram um relatório para que ficasse registrado em que estado ele nos recebeu. Em seguida, nos perguntou o que precisávamos e nos autorizou — pela primeira vez — a ler.

MR: Após a pesagem, um oficial comentou: "Ei, esses foram feitos para o Hipódromo de Maroñas, todos têm peso de jóquei".

FH: Essa transferência deve ter ocorrido por volta de 22 de dezembro. Nós não nos comunicamos nem mesmo através da parede desde o ano de 1975. Fazia dois anos. Foi na véspera de Natal de 1976. Te mudaram de calabouço porque o seu estava inundado, e te colocaram no vizinho ao meu; então, imediatamente, você me chamou.

MR: Me lembro da sua primeira preocupação: "Eles devem te levar de volta para o outro calabouço", me disse. "Não, parece que não, porque o outro não está em condições" E foi o que aconteceu.

FH: Nos reencontramos depois de uma longa viagem que durou dois anos e, ironicamente, tínhamos feito juntos. Então, na véspera de Natal de 1976, nos divertimos muito, porque podíamos conversar novamente e tivemos que contar um ao outro dois anos de nossas vidas.

MR: Esse relativo bom tratamento em Minas vai durar um mês e pouco, até nos recuperarmos. Nossa transferência foi autorizada porque as autoridades da Divisão, ao nos ver pela janelinha da porta em Laguna del Sauce, ficaram alarmadas e com medo de ficar sem três reféns. Aquele cadete vai pagar o pato. Ele nos terá em suas mãos em 1983, e poderá ter uma longa vingança.

Foi uma melhoria transitória para que, em seguida, tudo continuasse igual. As ordens dos comandantes em relação a nós não seriam modificadas.

FH: Nunca seriam.

MR: Nas primeiras horas da manhã, nos sentamos no capuz, preparamos o mate, enrolamos um tabaco (duas coisas que acabávamos de receber), e começamos a "prosear" como se estivéssemos sob um umbuzeiro com vista para o rio.

FH: Conversávamos em alta velocidade através da parede, o diálogo era bastante fluido...

MR: Ajustamos o sistema de palavras-chave, simplificando-o.

FH: O reencontro ocorreu não apenas através da parede. Lá, inventaram um novo sistema de "banho de sol". Para nos recuperar, para nos fazer tomar sol, eles deram a ordem de levar os três juntos, mas, atenção: absolutamente incomunicáveis. Nos levavam, em caravana, para a praça de armas; nos colocavam um distante do outro, entre 6 e 7 metros; não podíamos falar ou fazer sinais, mas, pela primeira vez, desde 1973, nos vimos. Me lembro da terrível impressão que tive na primeira vez — estávamos em pleno verão. Parecíamos judeus dos campos de concentração que foram libertados pelas tropas aliadas. Extremamente envelhecidos. Eu guardava em minha memória a imagem de antes e esqueci que o tempo passava; grisalhos, esqueléticos, com cara de loucos.

MR: Fiquei com a sensação de que seu crânio tinha encolhido. Você estava seco, amarelo acinzentado.

FH: Também pensei no que nossas famílias sentiam quando nos viam naquele estado.

MR: Os "banhos de sol" aconteciam três vezes por semana. A ordem era de 45 minutos, mas a fadiga burocrática fazia com que muitas vezes não nos levassem.

FH: Ou nos levassem por dez minutos.

MR: Pepe, faminto pelo sol, sentou-se, arregaçou as calças até onde a sua magreza permitia, levantou a camisa o máximo que pôde, abriu as palmas das mãos e ficou de frente para o sol, quietinho, durante todo o banho de sol. Quando voltamos para o calabouço e contamos um ao outro como parecíamos, você me disse que Pepe parecia uma propaganda da "Nivea".

Duas ou três vezes eles nos tiraram um a um e nos fizeram caminhar no quadrilátero da praça de armas, acompanhados por um soldado que nos apressava e nos insultava durante o caminho. Era para esticarmos as pernas e os braços, coisa que não fazíamos há quatro anos. Quando saíamos juntos, colocavam na porta de cada Companhia guardas com metralhadoras apontadas em nossa direção.

FH: Além da escolta que nos levava para o banho de sol, e que morreria massacrada conosco caso alguém deixasse escapar uma rajada de tiros.

MR: Ao lado de cada um havia um soldado com um cassetete.

FH: E o banho de sol era ao lado da sala de guarda, com o pessoal armado, tomando mate e olhando para nós. Tanto aparato para três esqueletos!

"Os homens de bem não falam de direitos humanos"

FH: Havia uma grande frase na sala de guarda: "A guarda morre, mas não se rende".

MR: Os soldados a parafraseavam: "A guarda dorme, mas não se rende". Se chamavam ironicamente de "número".

FH: Todos os soldados que compõem a guarda são chamados assim: "números de guarda". Há um chamado "contato", que não é propriamente uma sentinela. Está em um local que tem boa visibilidade, por isso é chamado de "contato", pois avisa quem está se aproximando do quartel. É o responsável por avisar quem está vindo.

MR: "Aí vem o chefe!", ele grita, e começa a confusão, como se atirasse um saco de caranguejos no meio de uma festa: a se espalhar.

FH: Pegar as armas, ajustar o uniforme, sair correndo para o lugar por onde vai entrar o chefe, o major ou quem quer que seja.

MR: As cadeiras caem, mates são deixados no chão, a busca ofegante por um "quepe" que se perdeu ou um carregador que não aparece, corridas em direção à porta, e o toque nervoso do "trompa" que sustenta o instrumento com a mão direita enquanto afivela as calças com a esquerda.

FH: Então, quando o chefe chega, encontra "a guarda" em ordem. Há uma sensação de que ele é respeitado como tal, a impressão de que "a guarda" está em alerta. O que pode acontecer com a guarda se o "contato" estiver distraído? Se o chefe, olímpico, entra como Pedro em sua casa e vai para seu escritório? A bola corre imediatamente: "O chefe entrou e o contato não avisou!". Depois de um tempo, um grito alto é ouvido no escritório: "Número!". Lá vai um soldado correndo e, em voz baixa, o chefe ordena: "Diga ao comandante da guarda que venha me pedir instruções" e, quando o soldado sai, ele grita: "Rápido!". E lá vai o comandante da guarda, trotando como um condenado à forca; ele vai ouvir que é um inútil, que ele não teve atenção, que faltou com respeito... enfim, há distribuição de punições a mãos cheias.

MR: É por isso que a escolha do "contato" é fundamental.

FH: Todo o resto não importa; o inimigo, os vigias que estão realmente guardando o quartel, isso não interessa; o que importa é cuidar do "bando".

Uma vez, estando em Minas, observo pela janela aberta do meu calabouço que entra em serviço um desses soldados com trinta anos de serviço. Por conhecer os generais desde que eram cadetes, mandam mais do que qualquer chefe. Soldados que conhecem o verdadeiro regulamento do Exército melhor do que ninguém. Entrou na Sala de Disciplina com uma mala de mão, como se fosse viajar, sentou-se em uma cadeira...

MR: Pançudo, baixinho...

FH: ...ao lado de uma espécie de mesa de concreto que tinha lá, foi extraindo de sua mala um verdadeiro acampamento. Um piquenique. A toalha de mesa, o mate, a garrafa térmica, o açucareiro, os cigarros, os biscoitos. Toda vez que esse soldado ficava de guarda, ele fazia o mesmo. Quando estava nesses tais "acampamentos", tão bem instalado, acontecia que, de repente, o "contato" começava a gritar: "O chefe está chegandooo!". O que esse homem fazia — um verdadeiro soldado — para contribuir com o barulho ensurdecedor da guarda era: mover a cadeira, mas permanecer confortavelmente sentado sobre ela repetindo: "O chefe está chegandooo!", e continuava tomando mate doce, batendo os pés contra o chão, como se alguém estivesse correndo, porém continuando com o "pão com manteiga"...

MR: Entre mordidas, impassível e mastigando: "O chefe está chegandooo!".

FH: Lição: no Exército uruguaio, o que precisa ser feito quando o chefe chega não é correr como um louco, mas fazer barulho e os gestos necessários para que o tenente-coronel tenha a sensação de que é respeitado. A sensação é suficiente.

MR: Você deve respeitar as posições em extremos rituais, sempre formais. Como quando o comandante da unidade tem que autorizar a comida da tropa. Depois vai solenemente o cozinheiro e o "oficial da semana", carregando em uma bandeja a "amostra", para o escritório do "senhor comandante", que, como uma hóstia sagrada, afunda a colher na infame polenta, prova, mas não engole, e diz: "Prossiga".

FH: Existem belas fotos de Pacheco Areco realizando esse ritual em um quartel, na época de 1968, quando cada vez que o Parlamento se reunia para suspender as Medidas de Segurança ou para vetar algumas sanções, se mudava para um quartel; a imprensa da época divulgou fotos do "Bocha" fazendo essa palhaçada.

E voltando às frases. Na Penitenciária de Libertad, no térreo, havia uma que dizia: "Aqui se vem para cumprir".

MR: Os soldados de Melo haviam copiado de um bordel famoso, 'O triângulo': "Aqui se vem para cumprir". É um estilo, dentro dos quartéis, imprimir frases para soldados e oficiais fixarem conceitos. Uma delas dizia: "À beira do abismo, um pelotão de fuzilamento sempre salvou a civilização".

FH: De Mussolini, eu acho.

MR: Havia outra digna de Benito, mas do "Presidente da República", Aparicio Méndez. "Os homens de bem não falam de Direitos Humanos"

“Esses caras são perigosíssimos”

MR: Toda vez que Alejandra chegava, a primeira pergunta que me fazia era: “Você olhou para a estrelinha?”. Eu havia dito que, para nos comunicar, tínhamos que olhar para a mesma estrela ao mesmo tempo. Eu tinha lhe dito tanto isso que, desde os seis anos, ela praticava esse ritual: ela escolhia uma estrela, olhava fixamente para ela e me perguntava se eu tinha feito o mesmo. Eu menti para ela. Durante treze anos não vimos estrelas. Nos reencontramos com elas em 84, quando, em uma noite, fomos levados dos calabouços onde estávamos de castigo, na Penitenciária de Libertad, para celas: um percurso de 80 metros. Uma noite estrelada nos fazia tropeçar a cada passo, porque não conseguíamos desviar o olhar do céu.

FH: Durante aqueles meses de inverno de 1977, ouvimos pela primeira vez algo que não sabíamos o que era: o grito do guarda chamando um dos que trabalhavam na Inteligência: “Fulano, você tem três certificados de fé democrática”. Esses certificados geralmente eram feitos por um cabo. Eram despachados como cebola na feira. Também ouvimos: “Você tem dois em liberdades condicional". Nesses casos, a resposta era: "Que esperem".

MR: Me pareceu a coisa mais incomum, kafkiana, improvável, que aqueles cabos tenham sido os responsáveis por darem certificados de fé democrática. Mas era.

FH: À medida que o outono acabava, piorava o tratamento.

MR: Um dia você me disse: "Tenho alguém na cela". Havia criado um macaquinho, que primeiro se chamou Fatiga, e depois Pamento, que você desenhava em situações e posições que queria estar vivendo naquele momento: dançando com uma jovem, fumando, tomando um mate quente tranquilamente no meio-fio da calçada...

FH: O desenho serviu para preencher a cela de personagens e fazê-los viver. Todos ficaram pelos quartéis.

MR: Meus poemas e seus desenhos tiveram um valor formidável. Porque os soldados ficaram tentados e traziam a foto da namorada ou da mãe para fazer um retrato. Isso tinha valor de troca... Eles vinham me pedir para escrever cartas de amor; eu consegui casamentos, seduzi mulheres... Me pediam poemas para os seus filhos, namoradas ou mães. Aquilo valia um pedaço de pão, uma fruta, um ovo cozido e (quando não tínhamos material para escrever), papel e lápis.

FH: Eu acho que a arte, ou melhor, no meu caso, o artesanato, tem um poder mágico sobre as pessoas. Eu me lembro de um que era jogador de futebol do interior, ele me trouxe a sua foto jogando uma "pelada". Mas ele me pediu, confidencialmente, que eu fizesse a maravilha de transformá-lo em jogador do Peñarol; desenhá-lo tal como estava, mas, em vez daquela camisa, colocar a do Peñarol. Queria ser "10"...

MR: O sonho de criança.

FH: "Volante criativo"

MR: Um dia, chega um cabo veio e me diz: "Olhe, há uma garota daqui, ela trabalha em Montevidéu, e tem um filho, eu quero viver com ela e acho que ela não quer. Gostaria de dizer a ela que a quero bem e que também amo o seu filho. Não sei o que vai acontecer porque estou há muitos dias de guarda aqui...". Eu perguntei: "E você nunca disse isso a ela?". "Não, eu nunca tive coragem" Aquilo me comoveu, eu comecei a carta com um verso de Yupanqui: "Eu nunca te disse nada, mas que lindo". Quinze dias depois, veio a resposta: o cabo a traz para mim. A garota confessava que nunca haviam escrito coisas tão lindas a ela, e que não se atreveu a responder porque tinha medo de que ele continuasse dizendo coisas assim. Se arranjaram como um casal. Deus queira que ainda sejam e que sigam bem.

FH: Havia um soldado, negro, corpulento, muito jovem, que ficou sabendo pelos seus companheiros que você era escritor...

MR: Eu me lembro! Ele parou em frente à minha cela e ficou me olhando por muito tempo pela janela, justo quando eu estava escrevendo...

FH: No final, criou coragem e muito timidamente disse: "Com licença, eu quero lhe fazer uma pergunta". "Claro, pode perguntar" "É verdade que você é um escritor profissional?" "É, sim" "Diga-me, como você faz essa letra tão juntinha?" "Qual letra?" "A dos livros... Precisa ter paciência!"

MR: Ele estava falando sério.

FH: Esses artesanatos tiveram consequências paradoxais. Por exemplo, quando algum soldado pedia um desenho e mostrava para os guardas, eles ficavam um tempo em silêncio, observando, e então o comentário em voz muito baixa era: "Esses caras são muito perigosos". A partir daquele momento, vigiaram melhor.

A mentalidade de Goyo

MR: Em Minas, pude escrever por muito pouco tempo. Fiz isso freneticamente. Há muito tempo que não nos comunicávamos, viemos de estados de tensão muito grandes, não podíamos fazer nenhuma atividade, mas, simultaneamente, acumulávamos pensamentos, fantasias, vivências, intensidades de diferentes tipos que, de alguma forma, em minha imaginação, ia ligando as estruturas dramáticas, romances, poéticas, sem poder transferi-las para o papel, embora alguns poemas tenham sido registrados nas folhas de fumo.

Comecei a escrever um romance para crianças em um caderno que me deram, com a esperança de que pudesse fazê-lo chegar à minha família. Esse romance ficou em alguma pasta da Inteligência ou em alguma prateleira do comandante da unidade e nunca mais consegui recuperar. Tive um formidável estado de agitação e ansiedade que pude libertar no papel como uma catarse, através da caneta que havia sc transformado em um músculo a mais, em um a nervo integrado ao meu físico. Uma espécie de extensão do meu braço e do meu pensamento, que tinha sensibilidade própria, que era capaz de escrever assim como a vassoura do aprendiz de feiticeiro era capaz de varrer por conta própria.

FH: Em 14 de abril de 1977, o comandante da Divisão veio aos nossos calabouços apenas para perguntar se nos lembrávamos daquela data.

MR: Eu me lembro nitidamente de um diálogo curtíssimo que tive com ele aquele dia. Ele chegou com seu chicote de cavalaria, sua baixa estatura, suas botas brilhantes que ocupavam mais parte do seu corpo do que qualquer outra coisa, e com o olhar felino e bestial que costumava ter — lhe faltavam apenas as pupilas verticais. Tirei o capuz, me virei e ele disse: "Como vai você? Quanto tempo!". "Estou bem" "Você se lembra que dia é hoje?" E eu, diante do espanto do comandante da unidade que o acompanhava, respondi: "Você e eu, general, nunca poderemos esquecer essa data". Em 14 de abril de 1972, a Organização adotou medidas contra alguns membros do Esquadrão da Morte, que haviam torturado e assassinado, feito desaparecer militantes populares. A réplica da repressão era sair e matar: naquele dia morreu Martirena, Julieta, Marquitos, Joaquín, Candán, Rovira (que tinha 16 anos), Gropp, uma companheira... muitos! Foram mortos a tiros... E o Goyo era o responsável.

FH: Era difícil acreditar no mecanismo mental que atuou em um chefe de Divisão, um general do Exército, com responsabilidades governamentais, para ter o trabalho de sair de seu escritório ou de sua casa, ou talvez de um clube de oficiais, e ir até os calabouços imundos, com o único objetivo de entrar em cada um deles para perguntar se nos lembrávamos bem da data. Claro que nos lembramos! E como lembramos!

Passo de ganso

MR: Chegou um momento em que nosso sistema nervoso se recarregou de tensões. Aquilo era uma bateria transbordando voltagem. E não tínhamos um fio terra. Assim, o menor incidente, que até então ainda podíamos controlar, produzia uma explosão. Era vital para nós controlar as reações, saber qual momento era propício para ficar quieto, chutar, levantar a voz. E embora sempre pudéssemos ser capazes de lidar bem com situações graves, às vezes as tensões disparavam, como uma mola. Por exemplo, durante as visitas: reagíamos diante de qualquer insolência do oficial, a visita era suspensa, e o pior era o estado em que deixávamos nossa família, tensa, preocupada, triste. Nesses casos, tínhamos que apagar o mundo que nos rodeava, aquele mundo de espingardas e cães, e concentrar a alma e o olhar apenas nos nossos. Isso era o correto. Porque eles “queriam a reação”, a técnica de quartel militar de provocar, para nos desequilibrar, e assim aplicar as punições. Eles também faziam isso com as tropas. É uma norma dentro do Exército.

FH: Exatamente. O oficial e às vezes os praças provocam o soldado. O que a “esquerda” chamava de provocação, no Exército é conhecido por outro nome: "buscar reação".

MR: Uma técnica.

FH: Era aplicada com vários objetivos: às vezes, o único era punir. Isso era quando algum oficial estava perseguindo um soldado. Mas também busca, como mecanismo disciplinar, criar e provocar, ensinar a ser impassível. Em geral, a impassividade absoluta e serenidade total diante das situações mais incomuns e arbitrárias. O homem reage porque eles o tiram do sério, e depois disso vem uma penalidade. Isso ensina você a não se alterar diante das provocações do inimigo. O calor do momento é um péssimo conselheiro.

MR: Há uma característica no rosto dos militares, muito nítida nos oficiais: um rosto neutro, inexpressivo, um olhar firme, cruel, que não diz absolutamente nada e que se mantém como uma pedra. Isso requer muitos ensaios em frente ao espelho, e assim o fazem.

FH: Em princípio, essa nossa agressividade é aplicada de maneira fria e racional. Mas ela vai me dominando e acabo estourando de forma irracional. Dominado por ela. Algumas vezes agredi, tenho consciência disso, com palavras e atos soldados que, naquele momento, não tinham feito nada comigo. Eu suspeitava que eles fariam algo comigo e, antes que fizessem, respondia com agressividade. Os presos comuns chamam isso de: "Ser caçado". Eles têm experiência, agora eu já tenho mais do que eles...

MR: O que chamamos de "caça"...

FH: Quando estive em Punta Carretas, eles me aconselharam: "Está tudo bem ser duro com o guarda, mas não o cace, senão você enlouquece". A caça beira a paranoia; é o caminho que conduz a ela.

Eu experimentei coisas como a seguinte: nunca me imaginei socando a porta de uma cela, mas eu o fiz. Meus punhos não doeram, mas depois de terminar, descansei um pouco e, para minha surpresa, vi que minhas mãos estavam quebradas. Foi ali que começou a doer, como naquele filme da Armada Brancaleone (eu não vi, mas me contaram que Vittorio Gassman enfia as mãos no óleo fervente e depois começa a reclamar). "Isso é o que acontece com pessoas ingênuas", eu pensei. Quando eles conseguiam provocar essa reação, em vez da punição...

MR: Desfrutavam...

FH: E eles diziam: "Vamos, vamos, por mais que você bata, ninguém vai dar bola". Essa impotência, quando você entende que era tudo à toa, também gerava uma sensação de inutilidade absoluta. Era como se fôssemos um inseto sendo esmagado, sem poder fazer absolutamente nada para se defender.

MR: Quando ouvia que eles estavam distribuindo o café ou o rancho e pulavam a minha cela, ou eu tinha a sensação de que a pulavam, em Libertad, por exemplo, como a porta era metálica e não dava para ouvir as batidas, eu pegava a vassoura e batia na janela com o cabo.

As reações não eram mais causadas por acontecimentos, eram produto da situação interna que cada um vivia. Já dissemos que a nossa patologia era um resultado das condições e não de traumas internos. O fenômeno inverso estava ocorrendo agora: não havia fatores externos que causassem logicamente a nossa reação; era o nosso estado interior que se manifestava sob qualquer pretexto para reagir violentamente.

FH: Lutei por muitos anos com essa capacidade que eles tinham de me fazer perder a serenidade. Era um domínio e uma manipulação da minha personalidade. Me solidarizei com os loucos, porque os que eram chamamos de normais, criticavam e diziam: "Esse tem mania de perseguição". Nunca paramos para pensar se havia um perseguidor. Comecei a ter um "caçador", mas estavam me caçando há anos.

MR: No "banho de sol" de Rocha, um oficial se sentou ao meu lado, e, na presença do guarda, começou a me instigar, conversando às vezes comigo, às vezes com o guarda. Ele foi aumentando as provocações nesse tom: "Você é judeu, certo?

Seus pais são judeus, não são? Você sabia que nós da Escola Militar ensaiamos o passo prussiano? Nós concordamos com Hitler; a única coisa que criticamos é ele não ter matado todos os judeus". E continuou nesse tom. Falou do cabelo, da gordura com que faziam sabão. Eu tinha que apertar os dentes: toda a minha família tinha morrido no gueto e nos campos de concentração. Mas, então, de alguma forma o meu lado do gueto apareceu e: "O passo prussiano, você diz? É o passo de 'ganso', não é?". "Exatamente", confirmou o oficial.

Onassis

FH: Um dia, em Minas, não me lembro a data exata, mas foi em 1977, trouxeram outro preso. Para nós uma grande novidade...

MR: Na expectativa de quem era...

FH: ...e a razão de ele estar ali; tínhamos um companheiro de infortúnio em um calabouço vizinho; o melhor que estava disponível.

MR: No dia em que chegou, demos a ele um pseudônimo. Porque eles começaram a fazer um inventário de sua roupa...

FH: Em voz alta.

MR: Em voz alta.

FH: Nós, em grande silêncio ouvindo...

MR: Diziam: quatro camisas, um terno! Gravata, um frasco de "Vascolet[vii]", um rádio transistor, três pares de sapatos... Ficamos encantados com tudo isso; você me chamou, nervoso, e disse: "Você viu, Russo? Ele tem 'Vascolet'! Quem é

---

vii Vascolet, marca registrada de achocolatado comercializado no Uruguai.

esse?", e dissemos: Onassis. O conhecíamos com esse nome: Onassis, embora o guarda tenha dito o contrário. O mais fabuloso, sem dúvida, era o "Vascolet".

FH: Aquele homem, um jovem rapaz, eu o vi uma vez, de passagem...

MR: Tinha cerca de trinta anos.

FH: Dava para ver que ele era de lá, porque o guarda o conhecia bem. Eles o tratavam de forma correta, era muito diferente de nós. Não estava preparado para ficar preso lá.

MR: Não tinha as características de um preso político...

FH: Ele percebeu que, quando nossa janela estava fechada, havia um espaço pelo qual podíamos ver. Meu alojamento estava em frente ao banheiro e, quando ele passava, ia com a cabeça baixa e a mão cobrindo o rosto. Nós o ouvimos chorar e reclamar que era maltratado.

MR: Aquela explosão do "Onassis" nos entristeceu. Eu nunca soube o que ele era. Em uma visita, dava para ouvir choros histéricos e gritos, o que te enche de tensão porque, para que um homem chegue a esse estado, algo terrível deve ter acontecido.

FH: Chegamos a "psicologá-lo" e percebemos que ele estava assustado com a forma que nos tratavam e também com medo de nós. Nós nos compadecemos dele. Aquele não era lugar para o Onassis. Eles tinham que tirá-lo de lá porque o deixariam louco. Isso já estava acontecendo.

MR: Uma das iniciativas foi permitir que ele usasse o rádio para ouvir música, já que vinha de uma delegacia onde era autorizado. E a razão pela qual agora estava proibido era que ele podia aumentar o volume e nos beneficiar dos acordes de Pichuco.

FH: Que se refere ao sofrimento, não é? Nós, nas nossas feridas...

MR: Poderíamos ter consideração por alguém que estava muito melhor e que, a qualquer momento, voltaria para sua casa. Porque o problema dele, obviamente, não era grave.

FH: Uma pessoa que é terrivelmente torturada e sujeita a situações sub-humanas, por estar mentalmente preparada ou acostumada, sofre menos com as consequências do que outra que também está encarcerada, mas desfruta de um tratamento muito melhor. Quem era Onassis? O que aconteceu com ele? Nunca soubemos.

A codificação do sabonete e "batam, batam"

MR: No inverno de Minas você teve um episódio grave por causa das noitadas na roleta...

FH: Eu estava em um daqueles transes estranhos, beirando a loucura, e tinha desistido de fazer contas ou utilizar artimanhas para ganhar na roleta. O calabouço estava cheio de números. Vivia de cassino em cassino, sem dormir...

MR: ...mas o problema foi com um sabonete.

FH: Como não tinha onde escrever e as paredes me incomodavam, enchi um sabonete com números que podia apagar e escrever de novo, arranhando-o...

MR: Até que um dia fomos revistados...

FH: E eu nem me lembrava. Levaram o sabonete.

MR: Algum tempo depois, o pessoal da Inteligência veio interrogar-lhe...

FH: Veio um tenente e, atrás dele, me olhando de canto de olho, com a raiva contida, segurando com as duas mãos a prova do crime posta em um guardanapo impecável, um perspicaz sargento da Inteligência. Parecia dizer com os olhos: "Você não vai me foder".

MR: O tenente exigia o código. E a origem e o destino daquele perigoso objeto codificado. Quando comecei a contar sobre as artimanhas, comecei a rir, apesar do perigo que corria. "Você nunca nessa merda de vida vai visitar uma roleta!" — gritava o tenente, perdendo a paciência. Os presos, a guarda, a guarda de prevenção e vários curiosos que se aproximaram, ouviram, fascinados, a discussão.

FH: No fim, meio que os convenci. Digo meio porque se foram, lentamente, inseguros, me esfaqueando com o olhar.

MR: Mas depois de um tempo voltaram com papel e lápis e ordenaram... que você explicasse o mais claramente possível as artimanhas para sempre ganhar na roleta.

FH: Assim o fiz, tremendo ao pensar: esses caras vão à roleta, vão perder por minha culpa e vão me bater muito.

MR: Esse sabonete deve ter subido de Inteligência a Inteligência, passado por toda a escala hierárquica, e, provavelmente, ter chegado em sua longa peregrinação aos escritórios centrais da CIA para ser decifrado.

FH: Durante uma visita, no mês de julho de 1976, nossas famílias puderam nos dizer, rapidamente, que algo referente a nós aconteceria por volta do dia 14. Ou que alguém importante viria, por essa data, para apelar por nossa situação. E ficamos com grande expectativa.

MR: E que, como quase tudo naquela época, logo se resolveria.

FH: Para pior.

MR: Poucos dias depois começaram os trâmites inconfundíveis da transferência.

FH: Uma transferência. Fora da rotina. Com um claro significado repressivo.

MR: Punitivo. Alguma coisa aconteceu do lado de fora. Alguém fez algo vinculado a nós — os presos políticos — e eles...

FH: ...eles responderam como costumavam: mais dureza contra os prisioneiros. Chegaram a nos dizer claramente: “Quanto mais campanha fizerem fora, pior será para vocês”. Assim, queriam mostrar às nossas famílias e àqueles que nos eram solidários, que os protestos e denúncias eram contraproducentes.

MR: O que criava uma situação estranha: quando nossa vida piorava ainda mais sem uma causa visível, ficamos felizes porque pensávamos: “alguma coisa está acontecendo lá fora”. E quando algo estava acontecendo lá fora, estávamos em alerta porque pensávamos: “vamos vencer isso”.

FH: Nessa transferência-punição, trocamos algumas ideias, e entre elas: talvez seja culpa do Carter e estão penalizando a nós e a nossas famílias. Eu lhe contei uma história de bairro: o galego Manolo era capitão do time. Numa tarde, começou a confusão de sempre, estávamos combinando uma jogada. Manolo, perdendo a compostura de capitão, com o braço esquerdo agarrou o pescoço de um oponente. Um bando de adversários começou a bater no galego. Perdido, Manolo sofria e batia com o punho direito na cabeça de sua presa enquanto ainda gritava: “Batam, batam... que quanto mais batem, mais ele apanha!”.

MR: Se aproximava a temível hora de outra transferência. Pepe manteve seu invejável penico, e nós, por precaução, pegamos duas latas velhas de doce de marmelo. Eles as usavam para o lixo no banheiro. Primeiro eu e depois você, como quem não quer nada, as levamos para o calabouço...

FH: ...nos preparando para o futuro ameaçador, porque em Minas não passamos tanta vontade. E não por benevolência militar, mas por um fenômeno que vale a pena descrever. Por um capricho da arquitetura, o banheiro ficava de frente para os calabouços. Era um alívio...

MR: ...para muitas torturas, é necessário que a porta do calabouço seja resistente e tenha uma janelinha; se é de grade e o prisioneiro consegue olhar o rosto do carcereiro, o tratamento muda do dia para a noite. Para isso, entre outras coisas, serve o capuz...

FH: Lugares como a "ilha", da Penitenciária de Libertad são de dar arrepios. Qualquer pessoa que esteve em seus calabouços seria capaz de medir o refinamento, a sofisticação, a ciência que o arquiteto que projetou a "ilha" colocou a serviço da dor: eles o encarregaram da tarefa de fazer os seres humanos sofrerem o máximo possível, e cumpriu com perfeição... Sem precisar tocá-los com as mãos. Colocando em prática o que ele aprendeu na Universidade, a matemática, o cálculo, a economia de espaço, até a arte...

MR: Porque os calabouços nos quartéis são horríveis. Mesmo quando são projetados para o sofrimento, você consegue ver neles a mão militar. A brutalidade. A ignorância.

Como eles mesmo dizem: as coisas podem ser feitas de três maneiras: boa, ruim e ao modo militar. O modo militar significa fazê-las erradas e roubar a metade.

FH: Mas na ilha da Penitenciária de Libertad e nos calabouços punitivos de Punta Carretas, pode-se apreciar o quão bem estão feitas as coisas para torturar.

MR: Pensaram, calcularam, mediram e criaram a escuridão, a sede, as correntes de ar gelado no inverno, o calor sufocante no verão, a sujeira inevitável, a opressão dos muros, a solidão, o silêncio profundo, os ruídos chocantes das trancas metálicas, as grades duplas, a inclinação dos andares sutilmente alinhados para te foder... Fruto do trabalho científico com um único objetivo: causar dor.

MR: Existem "Mengeles" da arquitetura, e o pior é que talvez eles nem pensem que o são. Porque alguém os concebe em seu estúdio acolhedor e feliz, contentes por terem vencido o concurso ou a licitação, resolvendo, com a consciência muito tranquila, como quebrar a alma das pessoas através da arquitetura.

FH: São violadores dos direitos humanos de modo abstrato. Ao destruir. Genericamente. Doa a quem doer. Seja quem for.

MR: Pertencem, de alguma forma, à espécie "Gavazzo". Há milhares de prisões no mundo: todas elas têm calabouços projetados para destruir o indivíduo. São sua obra.

O QUE VIRÁ

Neste momento, estamos sendo transferidos para Santa Clara de Olimar. O ano é 1977, estamos há quatro anos como reféns e retornamos ao ponto de partida. Ponto de partida? Não. Foi fechado apenas outro círculo de ferro, outro circuito da roda gigante, outros, como os de Dante Alighieri. Ainda existem profundezas as quais desceremos. Todas as nove.

Mas neste momento em que somos jogados na traseira de um caminhão, não sabemos. Ainda faltam nove anos pela frente para viver (viver?) dia após dia, minuto após minuto. Em seus labirintos, aguardam a morte de Wasem, as coronhadas e o poço onde enterraram Sendic, o glaucoma que cegou Manera, os pântanos da loucura que nos prendem e que conseguimos vagar pela força da raiva, militância, coragem, desejo de viver. Amor à vida. Isso. Amor à vida, a de todos. Também a nossa.

As fitas gravadas guardam os testemunhos que de mão a mão, sua e minha, no aconchego das manhãs, registramos. A dramática internação de Pepe, as masmorras de Engenheiros 4, as tentativas de fuga, o reencontro à distância dos nove, a saída dos oito. E esse insólito plebiscito que vemos desde os calabouços de Trinta e Três, sem saber bem o que acontecia e que nos devolve a este presente violento, no qual outro plebiscito luta para que a cortina principal do esquecimento não cubra a impunidade daqueles que nos devem, que devem ao nosso povo, às crianças desaparecidas, o destino daqueles que não terminaram de morrer, os crimes.

Aqui não há ódio. O ódio não nos motiva. Nosso testemunho integra-se ao espírito da dignidade. Um antigo provérbio diz: "Quem se lembrar do passado tem que perder um olho. Quem o esquecer, os dois".

Move-nos, a todos, o sentimento desesperado de que as bestas permaneçam em suas tocas, para que no Uruguai de Todos (também deles, em seus respectivos lugares) seja hasteada a seguinte bandeira: NUNCA MAIS.